ACADÉMIE DES SCIENCES, BELLES-LETTRES ET ARTS

DE MARSEILLE

DROIT MUSULMAN

(RITE HANAFITE)

LE MOULTAQA EL ABHEUR

Avec commentaire abrégé du Madjma' el anheur

TRADUCTIONS

PAR H. SAUVAIRE

Consul de France, membre de la classe des Sciences

MARSEILLE

TYP. ET LITH. BARLATIER-FEISSAT PÈRE ET FILS,

Rue Venture, 19.

1882

DROIT MUSULMAN

(RITE HANAFITE)

ACADÉMIE DES SCIENCES, BELLES-LETTRES ET ARTS

DE MARSEILLE

DROIT MUSULMAN

(RITE HANAFITE)

LE MOULTAQA EL ABHEUR

Avec commentaire abrégé du **Madjma' el anheur**

TRADUCTIONS

PAR H. SAUVAIRE

Consul de France, membre de la classe des Sciences

MARSEILLE

TYP. ET LITH. BARLATIER-FEISSAT PÈRE ET FILS,

Rue Venture, 19.

1882

DROIT MUSULMAN

(RITE HANAFITE).

LE MOULTAQA EL ABHEUR [1]

Avec commentaire abrégé du *Madjma' el anheur* (2).

TRADUCTIONS

PAR H. SAUVAIRE

Consul de France, membre de la classe des sciences.

Lectures faites dans diverses séances de l'année académique 1881-1882.

NOTA. — Ce qui est placé entre des crochets est extrait du commentaire du *Moultaqa*, intitulé *Madjma' el anheur* (2), éd. de C. P., année 1276 de l'hégire.

LIVRE DES VENTES.

La vente, dans (le langage de) la Loi, est l'échange d'un *bien (mâl)* contre un (autre) *bien*.

P. 459 La vente est contractée [c'est-à-dire est produite légalement] par une offre (*idjâb*) et une acceptation

(1) Par Ibrâhim ebn Mohammad ebn Ibrâhim el Halaby, mort en l'année 956 (1150-51 de J.-C.).

(2) Ce commentaire a pour auteur Mohammad ebn Solaymân, appelé *Chaykhy zâdeh*, mort, d'après Hadji Khalifah, en 1078 (1667 de J.-C.) et, d'après El Mohebby, qui le dit fils de Sénân, en 1068.

(qoboûl), exprimées au moyen de deux verbes au prétérit, tels que *j'ai vendu* et *j'ai acheté*, ou de toute autre manière qui indique leur signification;

P. 460 Et [elle est contractée aussi] par la dation réciproque *(ta'âty)*, qu'il s'agisse d'objets de prix ou d'une valeur infime ; ce qui est la vraie interprétation *(es-sahîh)*. [Par ces mots l'auteur veut mettre en garde contre l'opinion d'El Karkhy (1), qui dit qu'elle est conclue à l'égard des objets d'une valeur infime et non de ceux de prix].

Si l'un [le vendeur] disait : « Prends la chose à tant et que l'autre [l'acheteur] répondit : « J'ai pris » ou « j'ai consenti, » [la vente] serait valable *(sahh)*.

Lorsque l'un [des deux contractants] a fait l'offre, l'autre a le droit d'accepter toute la chose vendue, à la totalité du prix, durant la séance, ou de la laisser, mais non [d'accepter, qu'il soit vendeur ou acheteur,] une partie à l'exclusion de l'autre partie, à moins que le prix de chacune d'elles n'ait été spécifié.

Si celui qui a fait l'offre [qu'il soit vendeur ou acheteur] se rétracte, ou que l'un des deux contractants quitte la séance, avant l'acceptation, l'offre sera nulle *(batal)*.

P. 461 Mais une fois que l'offre et l'acceptation ont eu lieu, la vente est irrévocable *(lazem)*, sans option de séance (2) *(khyâr medjlès)*.

[La vente] est valable à l'égard de l'objet d'échange montré [que ce soit la chose vendue ou le prix], sans qu'on en connaisse la quantité *(qadr)* et qu'on le décrive *(wasf)* ; elle ne l'est pas pour tout autre.

Elle est valable pour un prix payable immédiatement ou à un terme certain *(ma'loûm)*.

(1) Abou'l Hasan 'Obayd Allah ebn Hosayn el Karkhy mourut en l'an 340 (951 J.-C.).

(2) C'est-à-dire que, la séance continuât-elle, les contractants se trouvent liés l'un envers l'autre.

P. 462 Si, quelqu'un ayant acheté au terme d'une année [non déterminée], le vendeur retenait (*mana'*) la chose vendue jusqu'à l'expiration [de l'année] et qu'en suite il la livrât, [l'acheteur] aurait droit au terme d'une autre année [d'après l'imâm (1)]. Les deux disciples (2) professent l'opinion contraire.

Si le prix est mentionné en termes généraux [c'est-à-dire qu'après en avoir dit le nombre, dix derhams par exemple, on ne fasse aucune restriction de ville ni de qualité] et que les monnaies aient une valeur intrinsèque (*mâliyah*) égale [de telle sorte que les unes ne soient pas supérieures aux autres, quoique leurs espèces diffèrent de valeur] et un même cours (*rawâdj*), [la vente] sera valable et le nombre qui en a été fixé sera obligatoire, qu'elle qu'en soit l'espèce [c'est-à-dire que ce soit des unités, des demies ou des tiers].

Si le cours en est différent, celle qui a le cours le plus élevé sera due. Et si, tout en ayant un même cours, elles diffèrent de valeur intrinsèque (3), [la vente] sera annulable (*fasad*), toutes les fois qu'on n'aura pas spépécifié [l'espèce des monnaies].

[La vente] est valable en ce qui regarde les denrées alimentaires (*ta'âm*) et toute chose qui se mesure à la mesure de capacité (*makîl*) ou se pèse (*mawzoûn*), à la mesure (*kayl*) [pour ce qui est *kayly*] et au poids [pour ce qui est *wazny*];

Et de même [la vente de ce qui est *kayly* ou *wazny* est valable] à forfait (*djozâfan* (4)), si la vente est faite pour un genre différent.

[La vente de ce qui est *kayly* est valable] aussi avec un récipient [déterminé] ou [la vente de ce qui est

(1) C'est ainsi qu'Abou Hanifah est appelé dans les ouvrages de droit du rite hanafite.

(2) Abou Yousef et Mohammad.

(3) « Comme le *Chérify* et le *Bondoqy*, » ajoute le *Reudd el mohtâr*, IV, p. 26.

(4) Litt. « en bloc. »

wazny] avec une pierre déterminée (*mo'ayyan*), dont on ignore le poids (*qadr*).

P. 463 Si quelqu'un vend une *sobrah* [ou tas de denrées] à un derham chaque *sâ'*, ce sera valable à l'égard d'un *sâ'* [seul], à moins que le total des *sâ'* qu'elle contient ne soit nommé.

L'acheteur aura le droit de rescision en vertu de l'option, quand même ce total serait, après cela [c'est-à-dire après la vente], mesuré ou nommé, durant la séance.

Si quelqu'un vend un troupeau (*qatî'*) de brebis à un derham chaque brebis, [la vente] ne sera valable à l'égard d'aucune des bêtes [du troupeau] ;

Non plus que s'il avait vendu une étoffe à un derham chaque coudée.

Telle est aussi (la règle) en ce qui concerne toutes choses se vendant au nombre et dont les individus diffèrent entre eux de valeur (*ma'doûd motafâwet* (1)).

Dans l'opinion des deux disciples, elle est valable à l'égard de l'intégralité [de la chose vendue], dans tous ces cas [susmentionnés : *sobrah*, troupeau, étoffe et (*ma'doûd motafâwet*].

P. 464 Si quelqu'un vend une *sobrah* comme contenant cent *qafîz*, à raison de cent derhams, et qu'ensuite [ayant été mesurée] elle en contienne moins ou plus, l'acheteur prendra la quantité moindre pour la portion correspondante [du prix], ou rescindera [la vente]. L'excédant appartiendra au vendeur.

A l'égard de ce qui se mesure à la coudée, [l'acheteur] prendra la quantité moindre, en payant le prix entier, ou rescindera. L'excédant lui appartiendra sans option pour le vendeur.

S'il a été fait mention pour chaque coudée d'une fraction correspondante (*qest*) du prix, [l'acheteur,]

(1) On nomme ainsi les choses susceptibles d'être comptées et offrant en même temps des différences de prix. » C. C. ott. *De la vente.*

s'il veut, prendra la quantité moindre, au prorata, et, s'il veut, il la laissera. Il aura l'option dans les deux cas [c'est-à-dire en cas de manque et en cas d'excédant].

Il est valable de vendre dix parts *(sahm)* [plus ou moins] sur cent parts d'une maison [ou autre chose] ; il ne l'est pas d'en vendre dix coudées sur cent coudées [suivant l'imâm]. Les deux disciples professent que [la vente] est valable à l'égard des unes et des autres [c'est-à-dire à l'égard des *parts* et des coudées, quand la maison a cent coudées, attendu que dix coudées sur cent en représentent le dixième tout comme dix parts sur cent].

Si quelqu'un avait vendu un *'edl* [une balle] d'étoffes comme contenant dix pièces et qu'elle en contînt moins ou plus, la vente serait annulable.

P. 465 Si le prix avait été divisé, [il en serait] de même, en cas de surplus [c'est-à-dire d'un nombre plus grand de pièces].

[La vente] sera valable en cas de nombre inférieur pour la partie du prix qui lui correspond, et l'option sera laissée à l'acheteur.

Si quelqu'un vend une pièce d'étoffe comme étant de dix coudées, à raison d'un derham chaque coudée, l'acheteur la prendra [à dix derhams], en eût-elle dix et demie, sans option, et à neuf [derhams], si elle en avait neuf et demie, avec option. Suivant Abou Yousef, l'acheteur aura l'option pour la prendre à onze dans le premier cas, et à dix, dans le second. D'après Mohammad, l'option lui sera laissée pour la prendre dans le premier cas, à dix et demi, et dans le second, à neuf et demi.

SECTION.

[SUR CE QUI EST COMPRIS DANS LA VENTE, A TITRE D'ACCESSOIRE, SANS MENTION EXPRESSE, ET CE QUI NE L'EST PAS.]

P. 466 Les constructions et les clefs sont comprises dans la vente de la maison, sans mention expresse, de même que les arbres dans la vente de la terre.

Si l'achat d'un arbre avait lieu en termes généraux [c'est-à-dire sans qu'il fût déterminé que l'arbre est acheté pour être coupé ou maintenu à perpétuelle demeure], le terrain lui appartenant [suivant sa grosseur] serait compris [dans la vente], d'après Mohammad; c'est là l'opinion préférée (*el mokhtâr*). Abou Yousef est de l'avis opposé.

Les cultures ne sont pas comprises dans la vente de la terre [sans mention expresse], non plus que les fruits dans la vente des arbres, à moins qu'il n'en ait été fait une condition par l'acheteur, même s'il a mentionné les droits (*hoqoûq*) et les dépendances (*marâfeq* (1)) : on dira au vendeur [dans le cas où ils ne seraient pas compris] : "arrache-les" [c'est-à-dire les cultures], ou "cueille-les" [c'est-à-dire les fruits], "et livre la chose vendue."

Ne sont pas comprises non plus [dans la vente de la terre] des graines qui ont été semées et n'ont pas encore poussé. Si, ayant poussé, elles n'ont pas [encore] de valeur, elles seront comprises [dans la vente]. L'opinion contraire [à savoir qu'elles n'y seront pas comprises] a été soutenue [par quelques docteurs].

(1) D'après le *Reudd el mohtâr*, IV, p. 33, les deux mots *hoqoûq* et *marâfeq* sont synonymes et désignent les servitudes actives.

P. 467 Si on vend des fruits qui paraissent ou non entrés en maturation, ce sera valable, et l'acheteur les cueillera immédiatement. S'il a mis pour condition de les laisser sur les arbres [jusqu'à complète maturation, la vente] sera annulable, même après qu'ils auraient atteint leur entier développement, contrairement à l'opinion de Mohammad.

De même [est annulable] l'achat des cultures [avec la condition de les laisser sur pied].

Si [l'acheteur] laisse [sur les arbres] les fruits [non encore entièrement développés], avec l'autorisation du vendeur, mais sans en avoir fait une condition [au moment du contrat], la plus-value (*zyâdah* (1)) que les fruits mêmes auront acquise lui appartiendra légitimement.

S'il les laisse sans sa permission, il fera l'aumône de cette plus-value.

S'il les laisse après qu'ils ont atteint toute leur grosseur, [sans y avoir été autorisé, jusqu'à leur entière maturation,] il ne fera aucune aumône.

S'il [l'acheteur] prend en location [les arbres], le louage (*idjârah*) sera nul (*ba alat*), et la plus-value lui appartiendra légitimement.

S'il prend en location la terre, pour y laisser les cultures [jusqu'à ce qu'elles soient en état d'être moissonnées], [le louage] sera nul [pour ignorance de la durée] et la plus-value qu'elles acquerront ne constituera pas pour lui un bien légitime.

P. 468 Si, avant la prise de possession, l'arbre produisait d'autres fruits [après l'achat de ceux qui s'y trouvent], la vente serait annulable.

Si c'était après la prise de possession, [l'acheteur et le vendeur] en deviendraient co-propriétaires [à cause du mélange de la propriété de l'un avec celle de l'autre]. La déclaration (*qaul*) de l'acheteur [accompagnée

(1) Le *Kanz* emploie le mot *fadl.*

de son serment] fera foi quant à la quantité *(qadr)* des fruits nouveaux.

Si quelqu'un avait vendu des fruits [sur un arbre] en en exceptant (un nombre de) livres *(artâl)* certain *(mâ' loûm)*, [la vente] serait valable. Suivant quelques docteurs, elle ne le serait pas.

Il est permis *(yadjoûz)* [de vendre] le blé, [l'orge et les lentilles, alors qu'ils se trouvent encore] dans les épis, si la vente est faite pour un produit d'un genre différent.

P. 469 (Il en est) de même des fèves dans leur écorce, du riz, du sésame et aussi des amandes, des pistaches et des noix dans leurs coques.

Le salaire du mesurage, de la numération, du pesage et de l'ensemencement de la chose vendue sont à la charge du vendeur; celui du triage des espèces qui représentent le prix et de leur pesage incombe à l'acheteur.

Dans la vente d'une marchandise pour un *prix (taman)* [c'est-à-dire pour des derhams et des dînârs], celui-ci sera livré en premier lieu, si [la vente] n'est pas faite à terme.

Dans la vente d'une marchandise pour une marchandise [ce qui constitue la *moqâyadah* (l'échange)], ou d'un prix pour un prix [ce qu'on appelle la vente *sarf* (le change)], les deux doivent être livrés simultanément.

P. 470

CHAPITRE

DES OPTIONS (**Khyârât**).

L'option de condition (*khyâr ech-chart*) [c'est-à-dire celle qui a pour motif une condition] est valable en faveur de chacun des deux contractants et de tous

deux ensemble, trois jours, pas plus, à moins que [celui qui s'est réservé le droit d'option] ne ratifie [le
P. 471 contrat] dans les trois [jours]. Chez les deux disciples, elle est permise [pour plus de trois jours], si un délai certain, quel qu'il soit, a été spécifié.

Lorsque [un individu] a acheté [une chose] à la condition que, s'il n'acquitte pas le prix dans le délai de trois jours, il n'y aura pas de vente, [la vente] sera valable; [elle ne le sera] pas, [s'il a été stipulé] jusqu'à quatre [jours], à moins que l'acheteur n'acquitte [le prix] dans les trois [jours]. Mohammad professe que le délai de quatre [jours] et plus est permis.

L'option du vendeur empêche la chose vendue de sortir de son patrimoine (*meulk*): si donc l'acheteur en prend possession et qu'elle périsse, celui-ci sera tenu de sa valeur (*qîmah*).

L'option de l'acheteur n'empêche pas [la chose vendue de sortir du patrimoine du vendeur]: en conséquence si elle périt en la possession de l'acheteur, celui-ci sera tenu du prix.

[Il serait] de même [obligé de payer le prix], si elle avait contracté [en sa possession] un défaut; toutefois [lorsque la chose vendue sort du patrimoine du vendeur, dans le cas où l'option est stipulée en faveur de l'acheteur], elle n'entrera pas [dans le patrimoine de l'acheteur], contrairement à l'opinion des deux
P. 472 disciples [car d'après eux elle ne saurait rester sans propriétaire].

Si donc il avait acheté sa femme à l'option, le mariage (*nékâh*) ne serait pas annulable, et, s'il a cohabité avec elle, il aura le droit de la rendre, attendu que [la cohabitation] aura eu lieu en vertu du mariage, excepté quand il s'agit de la fille vierge [car celle-ci ne peut être restituée]; et si elle accouchait pendant le délai [de l'option], elle ne deviendrait pas son *omm walad* (1).

(1) Cette expression désigne l'esclave devenue mère du fait de son maitre.

S'il avait acheté son proche parent (*qarîb*) à l'option, ou un esclave, après avoir dit : " Si je deviens propriétaire d'un esclave, il sera libre", ils ne seraient pas affranchis.

Après la menstruation de [l'esclave] achetée à l'option, [lorsqu'elle a eu cette menstruation] dans le délai de l'option, il n'y aura pas de retraite de continence (1). Il n'y aura pas non plus de retraite de continence pour le vendeur, si l'esclave lui est restituée en vertu de l'option.

Si l'acheteur à l'option, après avoir, avec l'autorisation du vendeur, pris possession de la chose vendue, la mettait en dépôt chez ce dernier et qu'elle pérît, ce serait pour le compte du vendeur, attendu que, comme la propriété n'existait pas, la prise de possession s'est évanouie par la restitution.

Si [l'esclave] autorisé à faire le commerce (*madoûn*) achetait une chose à l'option et que son vendeur le libérât du prix [dans le délai de l'option], son option persisterait et il aurait la faculté de rédhibition [en vertu de l'option], attendu qu'il est investi du droit juridique (*wélâyah*) de ne pas devenir propriétaire.

Si un tributaire (*demmy*) achetait d'un autre tributaire du vin à l'option et que, pendant la durée de celle-ci, il se fît musulman, son achat serait nul, de peur qu'il ne devînt, lui musulman, propriétaire du vin par la ratification.

P. 473 Les deux disciples professent l'opinion contraire sur toutes ces questions [depuis "si donc il avait acheté" jusqu'ici].

Celui qui jouit de l'option ratifiera [la vente] en présence ou en l'absence de son co-contractant; mais il ne la rescindera qu'en sa présence, contrairement à l'opinion d'Abou Yousef.

(1) *Esstebrâ*. C'est la retraite de continence imposée à toute femme qui a eu des relations illégitimes.

Conséquemment s'il la rescinde [en l'absence de son co-contractant] et que celui-ci en ait connaissance dans le délai de l'option, elle sera rescindée ; dans le cas contraire [c'est-à-dire s'il n'en a pas connaissance dans le délai, mais au contraire après son expiration], le contrat sera parfait *(tamm)* implicitement [puisque la rescision n'a pas été parfaite].

Le contrat est encore parfait par la mort de celui qui jouit de l'option [et celle-ci ne se transmet pas aux héritiers].

[Il l'est] de même par l'expiration du délai d'option.

Il est parfait aussi par (l'exercice du droit de) préemption dont la chose vendue [avec la condition d'option] est la cause.

Enfin, il est parfait par tout acte indiquant l'assentiment, tel que l'action de monter une bête pour un
P. 474 autre motif que pour l'essayer, la cohabitation, l'affranchissement pur et simple et ceux qui viennent à sa suite.

Si l'acheteur stipule l'option en faveur d'un tiers, [cette condition] sera permise.

Quel que soit celui des deux [c'est-à-dire de l'acheteur et du tiers ou du vendeur (1)] qui ratifie ou rescinde [la vente], ce sera valable.

Si l'un [de ceux en faveur de qui l'option a été convenue d'entre les deux contractants et le tiers] ratifie et prend, et que l'autre rescinde [la vente], on aura égard au premier énoncé [que ce soit un rejet *(radd)* ou une ratification] ; si les deux énoncés [la ratification et la rescision] ont lieu en même temps, c'est la rescision [qni sera prise en considération].

Si [un individu] ayant vendu deux esclaves en se réservant l'option [pour trois jours] à l'égard de l'un des

(1) Les mots « ou du vendeur » sont ici de trop, ainsi que l'indiquent l'alinéa suivant et le texte correspondant du *Kanz-'Ayny*. Le *Reudd el mohtâr* (IV, p. 57) ne laisse aucun doute sur ce point.

deux, a déterminé celui sur lequel portera l'option et séparé le prix afférent à chacun, [la vente] sera valable. Dans le cas contraire [c'est-à-dire s'il n'a pas séparé le prix et déterminé l'esclave sur lequel doit porter l'option], [elle ne le sera] pas.

L'option de détermination (*khyâr et-ta'yîn*), qui consiste à vendre l'une de deux ou trois choses, à la
P. 475 condition que l'acheteur prendra celle qu'il voudra, est permise. Elle n'est pas permise à l'égard de plus de trois [choses].

Il est fait à cette option la même restriction de durée qu'à l'option de condition, avec la même divergence [entre l'imâm et les deux disciples].

La chose vendue est une seule [des deux ou trois choses dont il s'agit dans la présente hypothèse] et le reste constitue un dépôt (*amânah*) [entre les mains de l'acheteur].

Au cas donc où, l'acheteur ayant pris possession du tout, l'un des objets périrait ou contracterait un vice, la vente deviendrait obligatoire [pour le prix] à l'égard de cet objet, et le restant serait déterminé pour le dépôt.

Si le tout périt [en sa possession], l'acheteur sera obligé de payer la moitié du prix total [s'il y avait deux objets] ou le tiers [s'il y en avait trois].

[L'acheteur à l'option de détermination] n'a pas le droit de rendre le tout, à moins que l'option de condition n'y ait été adjointe.

L'option de détermination et celle pour vice (*khyâr el 'ayb*) se transmettent à l'héritier [c'est-à-dire si celui en faveur de qui elles ont été stipulées venait à mourir], mais non [l'option] de condition.

Si deux [hommes] achetaient [une chose] avec la condition de jouir tous deux de l'option et que l'un d'eux consentît [à la vente], l'autre ne pourrait (la) rejeter, contrairement à l'opinion des deux disciples.

La même divergence existe au sujet de l'option pour vice et [de l'option] d'inspection (*khyâr er-royah*).

P. 476 Si quelqu'un achetait un esclave à la condition qu'il fût boulanger ou écrivain, et que le contraire se révélât, il le prendrait pour l'intégralité du prix ou (le) laisserait.

SECTION.

[SUR L'OPTION D'INSPECTION.]

Si quelqu'un achète ce qu'il n'a pas vu, la vente sera permise ; mais il aura le droit de le rendre lorsqu'il le verra, tant qu'il n'y aura rien eu [de la part de l'acheteur] qui annule son option, même s'il l'a accepté avant [de le voir].

Il n'y a pas d'option pour celui qui vend ce qu'il n'a pas vu.

P. 477 L'option d'inspection est annulée par les même faits qui annulent l'option de condition, savoir : lorsque celui qui jouit de l'option a rendu lui-même la chose défectueuse, ou qu'elle a été atteinte d'un défaut, en sa possession [avant l'inspection, alors que ce défaut est irréparable, comme l'amputation de la main ; car l'ayant prise sans défaut, il est *empêché* de la restituer atteinte d'un vice] ; — lorsqu'il lui est impossible de rendre une partie de la chose ; — lorsqu'il a disposé de la chose de telle manière que la rescision soit impossible, comme l'affranchissement pur et simple (*i'tâq*) et ceux qui viennent à sa suite ; — ou que le mode dont il en a disposé a conféré un droit à un tiers, comme la vente faite en termes généraux [c'est-à-dire sans la restriction de l'option], le gage et le louage [ainsi que la donation avec livraison].

Quant à ce qui [c'est-à-dire à la disposition, de la part de l'acheteur, qui] confère un droit à un tiers, comme la vente avec option, l'exposition en vente (*mosâwamah*), la donation sans livraison, [cette disposition] annule [l'option d'inspection] après [c'est-à-dire après l'inspection], non avant.

L'inspection du visage de l'esclave suffit [pour l'extinction de l'option (1)] ainsi que [l'inspection] du devant et de la croupe de la bête de somme. Pour la brebis destinée à servir de nourriture, il est absolument nécessaire de la palper ; quant à celle réservée à la reproduction, l'inspection des mamelles est indispensable.

L'inspection de l'extérieur de la pièce d'étoffe qui n'a pas de bordure est suffisante, et celle de sa bordure, si elle en a une.

[Il est suffisant] de voir l'intérieur de la maison, même si on n'en examine pas les chambres. Zofar (2) est d'opinion qu'il est indipensable d'en examiner les chambres ; c'est sur cette opinion que se basent aujourd'hui les *fetwas*.

P. 478 Si l'on voit une partie de la chose vendue, on aura l'option quand on verra le restant.

Quant à ce qui est offert à la vente sur échantillon, comme ce qui est mesuré et ce qui est pesé, l'inspection d'une partie équivaut à l'inspection de la totalité.

A l'égard de ce qui est comestible, il faut qu'on le goûte.

L'inspection faite par le mandataire (*wakîl*) chargé de l'achat ou de la prise de possession [de la chose vendue] est suffisante, mais non celle opérée par l'envoyé (*rasoûl*). Chez les deux disciples, ce dernier [c'est-à-dire l'envoyé] est assimilé au mandataire.

P. 479 La vente et l'achat de l'aveugle sont valables et, quand il est acheteur, il jouira de l'option ; celle-ci s'éteint (*yasqat*), lorsque l'aveugle a palpé, senti ou

(1) *Fî soqoût el khyâr.*

(2) L'imâm Zofar ebn Hodayl ebn Qays, un des disciples les plus capables d'Abou Hanifah, fut nommé qâdy d'El Basrah, où il était né, et où il mourut en l'année 158 (774-5), âgé de 48 ans.

goûté la chose vendue, s'il s'agit de celles susceptibles d'être connues à l'aide de ces sens. — Il lui sera fait la description de l'immeuble (*'aqâr*).

Celui qui, ayant vu l'une de deux pièces d'étoffe, les achète et voit ensuite l'autre [qu'il trouve défectueuse], aura le droit de les prendre ou de les restituer toutes les deux, mais non de rendre l'une d'elles.

Celui qui, ayant vu une chose et l'ayant achetée ensuite [quelque temps après], la trouve modifiée, aura le droit d'option; sinon [c'est-à-dire si la qualité qu'il avait vue en elle ne s'est pas modifiée, il ne l'aura] pas.

Si les deux [contractants] sont en désaccord sur sa modification, la déclaration du vendeur fera foi [appuyée de son serment, et l'acheteur aura à fournir la preuve testimoniale]; si [c'est] sur l'inspection, la déclaration de l'acheteur [accompagnée de son serment fera foi].

P. 480 Si quelqu'un achète une balle d'étoffes d'Ez-Zott [ville de l'Inde] et qu'il en vende ou donne une pièce et la livre, il aura le droit de la restituer [c'est-à-dire de restituer ce qui en reste], pour vice, mais non par option d'inspection ou de condition.

SECTION.

[SUR L'OPTION POUR VICE (*Khyâr el 'ayb*).]

La vente faite purement et simplement (*m tlaq*) [c'est-à-dire sans la condition d'être irresponsable de tout vice] implique nécessairement l'état sain de la chose vendue.

Conséquemment si quelqu'un trouve un défaut dans la chose qu'il a achetée, il aura le droit de la restituer ou de la prendre, mais pas de la garder (*imsâk*) en diminuant le prix, si ce n'est avec le consentement de son vendeur.

Tout ce qui entraîne une diminution de prix pour les commerçants est un défaut (*'ayb*).

Tels sont la fuite (*ibâq*) [qui signifie, en terme de jurisprudence, que l'esclave mâle ou femelle se cache de son maître par esprit de rébellion], fût-ce même à une distance inférieure à un *voyage*, de la part d'un jeune (esclave) doué de raison [c'est celui qui mange et boit seul], — et de même le vol [de la part du jeune (esclave) doué de raison], — et l'acte d'uriner au lit [de la part du jeune esclave doué de raison].

Chez le grand, ils constituent un autre vice.

Si donc il fuyait, ou volait, ou urinait [au lit], dans son enfance, chez le vendeur, et qu'ensuite il recommençât chez l'acheteur, durant le même âge [c'est-à-dire dans son enfance], celui-ci aurait le droit de le rendre pour ce motif [c'est-à-dire pour chacun de ces
P. 481 défauts]. Si [l'esclave a fui, volé ou uriné chez le vendeur pendant son enfance, et] recommence ensuite [chez l'acheteur], après avoir atteint l'âge de puberté, [il ne le restituera] pas; — la folie, à quelque âge qu'elle existe (1) [c'est-à-dire pendant l'enfance ou l'âge mûr]. En conséquence si (l'esclave) avait été fou dans son enfance [chez le vendeur] et qu'il le fût redevenu [chez l'acheteur, durant le même âge ou une fois grand, (l'acheteur) aurait le droit de le rendre en raison de ce défaut; — la mauvaise haleine; — l'odeur fétide des aisselles; — l'union sexuelle illégitime (*zénâ*) — et l'accouchement qui en serait résulté, [chacun de ces quatre constitue] un vice dans l'esclave femelle (*djâryah*), non dans l'esclave mâle (*gholâm*), à moins que cela [la mauvaise haleine et l'odeur fétide des aisselles] ne soit le résultat d'une maladie. —

La menstruation continue est un vice, et de même

(1) *Motlaqan*. Litt. « Sans aucune restriction (d'âge). »

l'absence de menstruation chez une fille d'au moins dix-sept ans. Cela [c'est-à-dire la continuation ou l'absence de menstruation] est connu au moyen de la déclaration de l'esclave. Et conséquemment elle sera restituée, si [à sa déclaration] vient s'ajouter le refus du vendeur de prêter serment, avant ou après la prise de possession. C'est là l'interprétation exacte.

L'*infidélité* (*keufr*) est un vice dans l'un et dans l'autre [c'est-à-dire chez l'esclave mâle et chez l'es-
P. 482. clave femelle], et de même la canitie, les dettes, la toux ancienne, les poils et l'eau dans l'œil.

Si donc il se manifeste un défaut ancien [c'est-à-dire qui existait chez le vendeur], après qu'il en est survenu un autre [chez l'acheteur], ce dernier aura son recours pour la moins-value. Tel serait le cas pour une pièce d'étoffe dans laquelle, après l'avoir achetée et coupée, [l'acheteur] découvrirait une défectuosité : il n'aurait pas le droit de rédhibition ; [au contraire, il recourrait pour la moins-value, ainsi qu'il vient d'être dit], à moins que le vendeur ne consentît à (re) prendre l'étoffe dans cet état. En effet, celui-ci [c'est-à-dire le vendeur] a ce droit, [c'est-à-dire de la (re) prendre ; car l'empêchement *(emtênâ')* reposait sur son droit ; or, par l'acceptation, il éteint son droit]. Et même si l'acheteur l'avait vendue [après qu'est survenu un autre défaut], son recours [pour la moins-value] s'éteindrait *(saqat)*.

P. 483 Mais si [l'acheteur, après l'avoir coupée], cout l'étoffe ou la teint en rouge, ou mélange le *sawîq* (vendu) avec du beurre, et qu'ensuite une défectuosité s'y révèle, il aura son recours [contre le vendeur] pour sa moins-value, et le vendeur n'aura [en aucune manière] le droit de reprendre cet objet [quand bien même l'acheteur y consentirait, et cela par respect pour la Loi, à cause de l'existence de l'usure]. Et même si [l'acheteur] vendait la chose [c'est-à-dire l'étoffe cousue ou teinte en rouge, ou le *sawîq* mélangé avec le beurre], après en avoir vu le défaut, son recours ne s'éteindrait pas.

Si l'acheteur affranchissait gratuitement [l'esclave] vendu, s'il [lui] accordait l'affranchissement posthume, ou s'il faisait [de l'esclave femelle] une *omm walad*, [avant d'avoir connaissance du vice ; car après il n'aurait plus de recours] et qu'ensuite le vice se révélât il aurait son recours pour la moins-value provenant du vice].

De même [il aura son recours pour la moins-value causée par le vice], s'il se révèle [un défaut ancien], après la mort de l'(esclave) acheté.

S'il affranchit pour de l'argent [l'esclave vendu] ou le tue, il n'aura de recours pour rien.

De même [il n'aurait pas de recours pour la moins-value], s'il mangeait les denrées en tout ou en partie [alors qu'elles étaient contenues dans un seul récipient. Si, au contraire, elles étaient contenues dans deux récipients, et qu'après avoir mangé ou vendu ce qui se trouvait dans l'un des deux, il eût connaissance de la défectuosité qui existait dans tout cela, il aurait le droit de restituer le restant, à sa part correspondante du prix], — ou si, après qu'il a revêtu l'étoffe, celle-ci se déchirait [et qu'ensuite il découvrît le défaut], il n'aurait pas de recours [pour la moins-value]. Les deux disciples sont de l'opinion contraire.

P. 484 Si, ayant acheté des œufs, des noix, des pastèques, des concombres ou des cornichons, il les trouve gâtés *(fâsed)*, mais qu'il lui soit possible d'en tirer quelque utilité, il aura son recours pour leur moins-value ; sinon, [il aura son recours] pour l'intégralité du prix].

S'il en trouvait une faible partie [telle qu'un ou deux pour cent] mauvaise, la vente serait valable ; sinon [si la partie n'était pas faible, mais au contraire considérable], elle serait annulable [à l'égard du tout] et il aurait son recours pour l'intégralité du prix.

Si quelqu'un (re) vend [à un autre] ce qu'il a acheté

et que (ce dernier) le lui restitue pour [cause de] défectuosité, en vertu d'une sentence rendue sur aveu, refus de serment ou preuve testimoniale, il le rendra à son vendeur ; et s'il l'avait accepté de son plein gré, il ne le lui rendrait pas [c'est-à-dire à son premier vendeur].

Si quelqu'un, après avoir pris possession de ce qu'il a acheté, prétend en justice qu'il y a un défaut, il ne sera pas contraint *(lâ yodjbar)* d'en payer le prix ; au contraire, l'acheteur prouvera [l'existence du défaut] ou déférera le serment à son vendeur. Mais s'il dit :
P. 485 "Mes témoins sont absents", il paiera [le prix], au cas que son vendeur jure. Ce dernier sera tenu du défaut (1), s'il refuse de jurer.

Si quelqu'un [c'est-à-dire l'acheteur] prétend que l' [esclave] acheté par lui s'est enfui [et si le vendeur nie], il fournira en premier lieu la preuve qu'il s'est enfui (étant) chez lui ; ensuite son vendeur prêtera serment que, par Dieu ! il l'a vendu et livré et que jamais il n'a pris la fuite, ou bien que, par Dieu ! il n'a pas le droit de rédhibition à son encontre pour la cause qu'il [l'acheteur] prétend ; ou bien encore (son serment sera conçu ainsi) : "Il n'a jamais pris la fuite (étant) chez toi." Il ne jurera pas [en disant] que, par Dieu ! il l'a vendu sans qu'il eût ce vice, ou qu'il l'a vendu et livré sans qu'il eût ce vice.

En ce qui regarde la fuite de l' [esclave] grand, il jurera ainsi : "Par Dieu ! il n'a pas pris la fuite depuis qu'il a atteint l'âge viril."

L'acheteur ne produisant pas la preuve testimoniale qu'il a pris la fuite (étant) chez lui [acheteur], le vendeur jurera, suivant les deux disciples (2), qu'il n'a

(1) *Lazam el 'ayb.*

(2) Le *Reudd el mohtâr*, IV, p. 88, fait observer qu'il serait plus correct de dire « à l'unanimité *(ettéfâqan)*. » Cette expression, soit dit en passant, s'applique à l'accord entre Abou Hanîfah et ses deux disciples et aussi à l'accord entre les quatre chefs d'école. Comp. *Moultaqa*, p. 579.

pas connaissance qu'il ait pris la fuite (étant) chez lui [l'acheteur]. Il y a divergence sur l'opinion de l'imâm.

Si [le vendeur] refuse [le serment], suivant les deux disciples, [il deviendra constant que l'esclave a pris la fuite (étant) chez l'acheteur et] le serment lui sera déféré une seconde fois [pour la rédhibition], comme on vient de le voir.

Si le vendeur disait, après la prise réciproque de possession [c'est-à-dire après que l'acheteur a pris possession de l'objet vendu et le vendeur du prix] : « Je t'ai vendu cette chose avec une autre", et que l'acheteur répondit : « Non, [tu me l'as vendue] seule," la déclaration de celui-ci [c'est-à-dire de l'acheteur] ferait foi [accompagnée de son serment].

De même [la déclaration de l'acheteur ferait foi], si les deux (contractants) étaient d'accord sur la quantité (*qadr*) de la chose vendue et en contestation au sujet de ce dont il a été pris possession (*el maqboûd*).

Si quelqu'un, ayant acheté deux esclaves à la fois (*safqatan*) [c'est-à-dire en un seul contrat] et pris possession de l'un d'eux, trouvait un vice dans celui dont il a pris possession ou dans l'autre, il les restituerait [ensemble] ou les prendrait [ensemble]. Mais il ne rendra pas tout seul celui qui est atteint d'un vice, si ce n'est lorsque le vice s'est révélé après la prise de possession des deux.

P. 486 Si [l'objet vendu consistant en une chose *kayly* ou *wazny* d'une seule espèce] il trouvait un défaut dans une partie de la chose *kayly* ou *wazny*, après la prise de possession, il la restitüerait ou la prendrait en entier [avec son défaut].

Suivant quelques-uns, cela [c'est-à-dire l'option entre rendre le tout ou le prendre a lieu] si [la chose vendue] n'est pas dans deux récipients ; sinon [c'est-à-dire si elle est dans deux récipients] le cas sera le même que celui des deux esclaves [de sorte qu'il rendra seul le récipient dans lequel se trouve le défaut].

Si une partie de la chose [*kayly* ou *wazny*] était revendiquée après la prise de possession, il n'aurait pas le droit de restituer ce qui reste, contrairement à (ce qui se passe pour) la pièce d'étoffe.

Le fait [de la part de l'acheteur] d'avoir médicamenté la chose atteinte d'un vice, après avoir vu le vice, et celui de l'avoir montée (constituent) un acquiescement; mais s'il l'avait montée pour la rendre [au vendeur], la conduire à l'abreuvoir ou lui acheter son fourrage, en cas d'absolue nécessité, [ce ne serait] pas [un acquiescement].

Si [l'esclave vendu] subissait l'amputation de la main après que [l'acheteur] en a pris possession, ou s'il était mis à mort pour une cause qui existait chez le vendeur, [l'acheteur] le rendrait [dans le cas d'amputation] et en (re) prendrait le prix; [dans le cas qu'il eût été mis à mort, il n'y aurait pas de restitution, mais il (re) prendrait le prix].

Suivant les deux disciples, [il ne le rendra pas, au contraire] il aura son recours pour la différence de valeur (*fadl*) qu'a l'esclave, suivant qu'il est voleur ou non, ou homicide ou non, si l'acheteur n'a pas eu connaissance du vice, lors de l'achat; sinon [c'est-à-dire s'il en a eu connaissance], il n'aura pas de recours.

P. 487 Si (l'esclave) avait passé [par ventes successives] en diverses mains et qu'il subît l'amputation en la possession du dernier [acheteur, les vendeurs auraient recours les uns contre les autres [suivant l'imâm], comme dans le cas de revendication; suivant les deux disciples, le dernier [acheteur] recourra contre son vendeur, mais son vendeur [c'est-à-dire le vendeur de l'acheteur, ne recourra] pas contre son (propre) vendeur [comme pour le défaut].

Si quelqu'un avait vendu à la condition d'être irresponsable de tout défaut, ce serait valable, quand bien même il n'aurait pas fait l'énumération des défauts.

Cette irresponsabilité (*barâah*) comprend le vice nouvellement survenu avant la prise de livraison ; telle est l'opinion d'Abou Yousef, contraire à celle de Mohammad.

P. 488

CHAPITRE

DE LA VENTE ANNULABLE (**Fâsed**).

La vente de ce qui n'est pas un *bien* (*mâl*) ou pour ce qui n'est pas un *bien* est nulle (*bâtel*), comme le sang, la bête morte [de mort naturelle] et l'homme libre.

De même [est nulle] la vente de l'esclave mère de l'enfant du maître (*omm walad*) et (celle) de l'affranchi posthume ;

De même, la vente de l'affranchi contractuel, à moins que celui-ci ne la ratifie ;

De même, la vente d'un *bien* dont l'usage est interdit par la loi (*mâl ghayr motaqawwam*) (1), tel que le vin et le porc, pour le prix [représenté par les derhams et les dinârs, qu'il soit payable comptant ou à terme] ;

De même, la vente d'un esclave (*qenn*) qu'on joint à un homme libre et d'une bête égorgée qu'on joint à une bête morte [de mort naturelle], même si le prix de chacun a été spécifié, [suivant l'imâm ;] pour les deux disciples, [la vente] sera valable à l'égard de l'esclave et de la bête égorgée, si le prix a été spécifié.

[La vente] est valable à l'égard d'un esclave (*qenn*) qui a été joint à un esclave (*mamloûk*) affranchi pos-

(1) Cf. la définition de cette expression dans le *Reudd el mohtâr*, t. IV, p. 100 *sub fine*.

thume [appartenant au vendeur] ou [qui a été joint] à un esclave (*qenn*) appartenant à un autre [que le vendeur], au prorata du prix (*bé 'l hessah*).

P. 489 De même [la vente est valable] à l'égard d'un patrimoine (*meulk*) qui a été joint à un bien immobilisé (*waqf*), d'après l'interprétation exacte.

La vente des marchandises (*'ard*) [c'est-à-dire tout ce qui n'est pas le numéraire (1)] pour le vin ou réciproquement est annulable [en ce qui concerne les marchandises].

De même leur vente [c'est-à-dire la vente des marchandises] pour le porc [est annuable en ce qui concerne les marchandises et nulle en ce qui regarde le porc, comme à l'égard du vin].

Il n'est pas permis de vendre des oiseaux dans l'air, ni des poissons qu'on n'a pas encore pêchés ou qu'on aurait pêchés et jetés dans un vivier d'où on ne pourrait les retirer sans un expédient, ou bien qui y seraient entrés d'eux-mêmes, sans qu'on eût ensuite fermé l'ouverture par laquelle ils auraient pénétré.

Si, après les avoir pêchés, on les y a jetés [c'est-à-dire dans le vivier] et qu'on puisse les prendre sans un expédient, [la vente en] est valable.

[Il n'est] pas [permis] de vendre le part (*haml*), — les produits à naître d'un animal (*nétâdj* (2)); [l'auteur

(1) *Taman*. Litt. « le prix. »

(2) Le commentateur s'exprime ainsi : « Le *haml* est le fœtus (*djanîn*) et le *nétâdj*, le *habal el habalah* (le fruit de celles qui sont grosses, *Kazimirski*). D'après le *Reudd el mohtâr*, « le *nétadj* est le *habal el habalah*, c'est-à-dire le *nétâdj* du *nétâdj*, en parlant d'une bête ou d'un être humain. » Comp. aussi le *Kanz*-'Ayny, 2e p., p. 23. — *Nétâdj* me paraît signifier ici exactement « le produit (incertain) de l'accouplement. » Sidi Khalil (Précis de jurispr., Paris, 1855, p. 141) se sert du mot *nasalat*, qui veut dire engendrer *ou* enfanter, et aussi *nasl*, postérité, enfants *ou* petits, lignée. — Ordinairement *natadjat* est employé comme synonyme de *waladat* : enfanter, mettre bas, en parlant des esclaves et des animaux.

des *Dorar* (1) considère la vente du *nétâdj* comme nulle et celle du *haml* comme annulable]; — et le lait dans les mamelles.

De même [il n'est pas permis de vendre] les perles dans les coquillages et la laine sur le dos des brebis, contrairement à l'opinion d'Abou Yousef [dans ces deux cas].

[Il ne l'est] pas [non plus] de vendre la viande sur la brebis [car il se peut qu'elle soit maigre ou grasse]; — un coup de filet; — une poutre [déterminée] dans
P. 490 un toit; — une coudée (à prendre) d'une pièce d'étoffe [que la division endommagerait, comme une chemise], même s'il a été mentionné qu'on la couperait [attendu qu'elle ne peut-être livrée qu'avec un dommage]. Mais si (le vendeur) arrachait la poutre [déterminée] ou coupait la coudée (de l'étoffe) et en faisait la livraison avant la rescision (*faskh*), la vente redeviendrait valable (*sahîh*).

[N'est pas permise] non plus la [vente] *mozâbanah*, qui est la vente des fruits sur les dattiers pour une mesure égale, au juger, de dattes cueillies;

Ni la *mohâqalah*, qui est la vente du blé dans son épi pour une même mesure, au juger, de blé;

Ni la vente au toucher (*molâmasah*), au lancer (*monâbadah*), ou au jet de pierre (*ilqâ el hadjar*), de telle façon que deux individus renchérissent à l'envi sur une marchandise et la vente devient irrévocable, ou l'acheteur l'a *touchée* [c'est-à-dire la marchandise, ce qui constitue la vente *molâmasah*], ou il a placé sur elle une pierre [ce qui est la vente *au jet de pierre*],

(1) Il s'agit sans doute ici des *Dorar el behâr* sur les principes dérivés du droit par le cheikh Chams ed-dyn Abou-'Abd Allah Mohammad ebn Elyâs el Qounawy (d'Iconium) ed-Demechqy, Hanafite, mort en l'année 788 (1386 J.-C.). Cet ouvrage a eu un grand nombre de commentateurs. — Voyez aussi plus loin, p. 533 du texte, où il s'agit des *Dorar*, commentaire du *Kanz*.

ou bien encore le vendeur la lui a lancée [c'est-à-dire la marchandise ; cette vente porte le nom de vente à la *monâbadah*. Ces ventes se pratiquaient du temps du paganisme ; elles ont été interdites par le Prophète] ;

Ni la vente d'une pièce d'étoffe sur deux, si ce n'est avec la condition que l'acheteur prendra celle des deux qu'il voudra ;

Ni la vente des pâturages, ni leur louage ;

P. 491 Ni [la vente] des abeilles, sans ruches, contrairement à l'opinion de Mohammad ;

Ni [la vente] des vers à soie et de leurs cocons. Suivant Abou Yousef, la vente est valable à l'égard des vers à soie, s'ils sont avec la soie. Au sujet des cocons, il y a de lui [c'est-à-dire d'Abou Yousef] deux opinions. D'après Mohammad [dont l'opinion est aussi celle des trois imâms (1)], la vente tant des vers à soie que des cocons est permise sans restriction (*motlaqan*). C'est l'opinion préférée [pour les *fetwas*] ;

Ni la vente de l'esclave fugitif, si ce n'est en faveur de quelqu'un chez qui on croit qu'il se trouve. [Si, après que le maître a vendu son esclave, celui-ci revenait de la fuite, ce contrat ne serait pas parfait. C'est de ce cas que l'auteur dit :] Si donc l'esclave retourne avant la rescision, la vente ne se transformera pas en valable. Suivant quelques uns, elle se transformera ;

Ni [la vente] du lait de femme [qu'elle soit de condition libre ou esclave], même après qu'on l'aurait trait. Abou Yousef la déclare valable à l'égard du lait de l'esclave ;

Ni [la vente] des soies du porc ; toutefois on est libre (*yobâh*) de s'en servir pour coudre les chaussures [ou dans un but analogue], à cause de la nécessité. Les soies du porc rendent impure l'eau en petite quantité, dans l'opinion d'Abou Yousef [qui est la préférée], non dans celle de Mohammad ;

(1) Ech-Châfé'y, Mâlek et Ebn Hanbal.

Ni [la vente] des cheveux de l'être humain. (Il n'est pas permis même) de les utiliser, non plus qu'aucune des parties de son corps ;

P. 492 Ni la vente des peaux de bêtes mortes (de mort naturelle), avant le tannage ; mais il est permis [de les vendre] après et d'en tirer profit. Toutefois on vendra leurs os et on les utilisera, de même que leurs nerfs, leurs cornes, leur laine, leurs crins (*cha'r*) et leurs poils (*wabar*).

De même [on vendra] les os des éléphants, contrairement à l'opinion de Mohammad.

Il n'est pas permis de vendre un haut (*'oloû*) (1) qui est tombé [c'est-à-dire que la vente de l'emplacement qu'occupait le haut est nulle, après sa chute, soit que la chambre du bas soit tombée ou non, puisque, après sa démolition, il ne reste au vendeur que le droit d'*élévation* (*haqq et-ta' ally*), ce qui ne constitue pas un *bien* ; car le *bien* est ce qu'on peut mettre à l'abri (*ihrâz*). La vente demeurerait donc sans objet (2) et conséquemment elle est nulle].

Ni [la vente] du conduit d'eau (*masîl*) et sa donation; mais la vente et la donation sont valables à l'égard d'un chemin (*tarîq*) ;

Ni la vente d'un individu (*chakhs*), comme étant une esclave femelle, alors que c'est un esclave mâle. Si quelqu'un vendait (soi-disant) un bouc et que ce fût une chèvre, ce serait valable ; mais (l'acheteur) aurait l'option ;

Ni l'achat de ce qu'on a vendu, à un [prix] inférieur à celui auquel on l'a vendu, avant d'avoir touché [tout] le (premier) prix.

P. 493 De même [il n'est pas permis] au vendeur de (r)acheter [ce qu'il a vendu, alors que ce qu'il a vendu se trouvait] avec d'autres objets, à son premier prix,

(1) C'est-à-dire un étage supérieur.

(2) Litt. « Ne rencontrerait pas son lieu. »

avant que celui-ci ait été remis ; son (r)achat est valable à l'égard des autres objets, pour leur portion correspondante du prix.

Il n'est pas permis d'acheter de l'huile sous la condition de la peser avec son récipient et d'en déduire pour chaque récipient une quantité déterminée [cinquante ratls, par exemple] ; mais si l'on met pour condition de déduire un poids égal à celui du récipient, la chose sera valable [car c'est une condition que le contrat implique nécessairement].

Si [le vendeur et l'acheteur] sont en désaccord sur le récipient et sa contenance (*qadr*), la déclaration de l'acheteur [accompagnée de son serment] fera foi.

Si un musulman donnait l'ordre à un *demmy* de vendre ou d'acheter du vin, ce serait valable, contrairement à l'opinion des deux disciples.

De même [cette divergence existe] pour le cas où quelqu'un en état d'*ihrâm* ordonnerait à un autre de vendre sa chasse [qu'il a faite avant l'*ihrâm*].

Si un infidèle (*kâfer*) achetait un esclave musulman ou un qor'ân, ce serait valable, mais il serait contraint de renoncer à leur propriété (1).

P. 494 La vente avec une condition que le contrat implique nécessairement est valable, comme la condition que l'acheteur aura la propriété (de la chose vendue), [la condition que l'acheteur paiera le prix et celle que le vendeur livrera la chose vendue, car de semblables conditions n'ajoutent rien, mais elles renforcent les obligations qu'engendre le contrat].

De même [elle est valable] avec une condition que le contrat n'implique pas nécessairement et qui n'est utile à aucun [des deux contractants], telle serait la condition de ne pas (re)vendre la bête de somme vendue.

Si la vente était faite avec une condition que le contrat n'implique pas nécessairement, mais renfermant

(1) Litt. « de les faire sortir de son patrimoine. »

une utilité pour l'un des deux contractants ou pour une chose vendue capable de revendiquer [cette utilité, étant un être humain], elle [c'est-à-dire cette vente] serait annulable; telle serait la vente d'un esclave avec la condition que l'acheteur lui accordera l'affranchissement pur et simple (*i'tâq*), ou posthume (*tadbîr*), ou contractuel (*mokâtabah*), ou [la vente] d'une esclave, avec la condition que l'acheteur en fera une *omm walad*.

Si l'acheteur l'affranchissait [c'est-à-dire l'esclave], après l'avoir acheté à condition de l'affranchir], la vente deviendrait valable, et conséquemment le (paiement du) prix serait obligatoire [pour l'acheteur, suivant l'imâm]. Suivant les deux disciples, elle ne redeviendra pas [valable] et par conséquent (le paiement de) la valeur (*qîmah*) sera obligatoire [pour l'acheteur].

Telle serait aussi la condition que le vendeur fera travailler [l'esclave] à son profit pendant un mois, ou qu'il habitera [la maison vendue], ou ne livrera [la chose vendue] qu'au bout du mois (1), ou que l'acheteur lui fera un prêt de consommation d'un derham, ou un présent ;

Ou [telle serait la condition] que le vendeur taillera la pièce d'étoffe et en coudra un vêtement et une chemise, ou qu'il coupera une chaussure, ou qu'il la garnira de courroies. La chose est valable à l'égard de la chaussure, par une application plus bienveillante de la loi (*estehsân* (2)).

Il n'est pas permis de vendre une esclave en exceptant son part (*hamlhâ*) ;

Ni de vendre (payable) au *nîroûz* [équinoxe de printemps], au *mihridjân* [équinoxe d'automne], au

(1) *Ila râs ech-chahr.*

(2) D'après Djordjâny (*Définitions*), cette expression signifie « Laisser de côté le *qiâs* (la déduction analogique) pour adopter ce qui est plus doux et plus commode pour les gens. »

P. 495 carême des chrétiens et à la rupture du jeûne des juifs, si les deux contractants ne connaissent pas ces époques.

Il n'est pas permis non plus de vendre (payable) à la moisson, au battage, à la vendange, à la tonte, au retour des pèlerins [parce que l'on n'est pas certain des époques auxquelles auront lieu ces événements, attendu qu'ils avancent ou retardent].

Mais le cautionnement (*kafalâh*) consenti pour ces époques est valable [parce que l'ignorance est faible].

Si donc celui en faveur de qui il a été spécifié renonce (*asqat*) au terme qui rend [la vente] annulable, avant son échéance, [c'est-à-dire avant l'arrivée du terme qui rend la vente annulable et avant la séparation des parties contractantes, la vente] sera valable.

[Il en serait] de même, si quelqu'un vendait d'une manière absolue [non restreinte par ces échéances] et qu'ensuite il fixât ces époques comme termes. [Ce serait valable en effet attendu que ce serait là fixer le terme de la dette et non (du paiement) du prix].

Si quelqu'un vend sa part (*nasîb*) d'une maison, [la vente] sera permise, si les deux contractants savent à combien elle s'élève, contrairement à l'opinion d'Abou Yousef. Suivant Mohammad, il suffit que l'acheteur en ait connaissance.

SECTION.

(RÈGLES QUI GOUVERNENT LA VENTE ANNULABLE (*fâsed*) ET LA VENTE NULLE (*bâtel*).)

La prise de possession par l'acheteur, avec l'autorisation de son vendeur, de la chose vendue en vertu d'une vente nulle, ne l'en rend pas propriétaire : elle [c'est-à-dire la chose vendue] constitue un dépôt

(*amânah*) entre ses mains, suivant une partie des docteurs ; il en est responsable, suivant les autres, pour
P. 496 le prix d'achat. D'après un jurisconsulte, la première opinion [celle du dépôt] serait celle de l'imâm, et la seconde [la responsabilité (*damân*)], celle des deux disciples. Ce jurisconsulte s'appuie sur la divergence (qui existe entre Abou Hanîfah et les deux disciples) à propos de l'hypothèse où il aurait été vendu un affranchi posthume (*modabbar*) ou une *omm walad*, dont la mort serait survenue ensuite en la possession de l'acheteur. En effet, suivant l'imâm, l'acheteur n'aura rien à rembourser, contrairement à l'opinion des deux disciples.

S'il prenait possession de la chose vendue en vertu d'une vente annulable, avec l'autorisation de son vendeur, explicite [comme au cas que l'acheteur prît possession de l'objet, sur son ordre, pendant ou après la séance], ou implicite (*dalâlatan*) [comme au cas qu'il en prît possession pendant la séance du contrat, sans que le vendeur le lui défendît, (et) avant la séparation], alors que chacun des équivalents de la vente [la chose vendue et le prix] consiste en un *bien* (*mâl*), il en devindrait propriétaire, en sorte qu'il serait tenu, en cas de perte [c'est-à-dire au cas que la chose vendue pérît en la possession de l'acheteur] de remettre une chose réellement [c'est-à-dire matériellement et idéalement] semblable [à celle vendue], quand il s'agit de choses dont les semblables existent [comme ce qui est *kayly* ou *wazny*] ou idéalement [semblable], comme la valeur [c'est-à-dire la valeur de la chose vendue], quand il s'agit de choses *qîmy* (1) [comme les animaux et les marchandises (*'ard*)].

Chacun des deux [contractants] a le droit (2) de

(1) *Qîmy* se dit de toute chose qui ne se retrouve pas dans le commerce, à moins que ce ne soit avec une différence de prix.

(2) Le commentateur fait observer qu'il fallait dire « l'obligation. »

rescinder la vente avant et après la prise de possession [par l'acheteur], tant que [la chose vendue] continue d'exister en la propriété de l'acheteur, lorsque la cause d'annulabilité (*fasâd*) se trouve dans l'essence même (1) du contrat, comme la vente d'un derham pour deux derhams.

Si la cause d'annulabilité consiste en une clause qui ne doit pas être introduite (*zâïd* (2)), telle que la clause de faire au vendeur un cadeau [par exemple], il en est de même [chacun a séparément le droit de rescision], avant la prise de possession ; mais après celle-ci, le droit de rescision appartient à celui en faveur de qui la condition a été convenue, et non à celui qui la subit.

P. 497 [Après la rescision] le vendeur ne (re) prendra pas la chose vendue jusqu'à ce qu'il en ait restitué le prix [à l'acheteur]. Conséquemment si le vendeur vient à mourir [après la rescision de la vente], l'acheteur aura le plus de droit à retenir (*habs*) ce qu'il a acheté, jusqu'à ce qu'il en ait récupéré le prix.

Le bénéfice (*rabh*) (qu'il retirera) du prix [en derhams et en dînârs] de la chose vendue appartient légitimement (*tâb*) au vendeur, après la prise réciproque de possession ; mais le bénéfice (que l'acheteur retirera) de la chose vendue [ne constituera] pas [un bien légitime] pour l'acheteur : il devra donc en faire l'aumône.

Est également acquis légitimement le bénéfice (retiré) d'une somme (*mâl*) payée au demandeur, sur sa réclamation en justice, alors même qu'ensuite les deux (parties adverses) [c'est-à-dire le demandeur et le défendeur] auraient reconnu sincèrement le mal fondé de la réclamation et que la somme aurait été restituée, après que le demandeur en a retiré un bénéfice.

(1) *Fî solb*, litt. « Dans la moelle. »
(2) Litt. « Excédante, de trop. »

Si l'acheteur vend ce qu'il a acheté en vertu d'un achat annulable, [sa vente] sera valable.

P. 498 Il en serait de même, s'il avait affranchi ou donné et livré [l'esclave ainsi acheté].

Le droit de rescision [qu'avait l'acheteur] est éteint [par chacun de ces actes, vente, affranchissement et donation avec livraison] et [l'acheteur] doit la valeur de la chose vendue.

Si [l'acheteur] faisait des constructions dans une maison qu'il a acquise en vertu d'un achat annulable, ou des plantations [dans une terre], il en devrait la valeur [c'est-à-dire la valeur de la maison ou de la terre]. Au dire des deux disciples, il enlèvera les constructions et les plantations. Abou Yousef, dans une relation que Mohammad a rapportée d'après l'imâm, doute qu'il y ait obligation de payer la valeur [de la maison]; Mohammad ne doute pas [de cette obligation, dans sa relation rapportée par lui d'après l'imâm (1)].

Il est blâmable de pratiquer le *nadjach* [lequel consiste à augmenter le juste prix (2), sans vouloir acheter et dans le but d'exciter les désirs d'autrui];

(1) Des traditions furent rapportées sur l'autorité d'Abou Yousef par Mohammad ech-Chaybâny, qui fut son élève en même temps que celui d'Abou Hanifah. (Ebn Khallikan's, biogr., Dict. IV, p. 273.) — On lit dans *Hadji Khalîfah*, II, p. 553—4, à propos du *Djâmé' es-saghîr* de Mohammad ech-Chaybâny : « Chams el aïmmah es-Sarakhsy († a. 490) dit dans son commentaire du *Djâmé' es-saghîr* que le motif pour lequel Mohammad composa son livre fut celui-ci : Lorsqu'il eut achevé de composer ses autres ouvrages, Abou Yousef lui demanda de rédiger un livre dans lequel il réunirait ce qu'il avait retenu de lui parmi ce qu'il lui avait relaté comme recueilli (de la bouche) d'Abou Hanifah. Après l'avoir achevé, il le lui présenta : « A merveille, dit Abou Yousef, Abou 'Abd Allah a très-bien retenu de moi, si ce n'est qu'il s'est trompé sur trois questions. » — « Je ne me suis pas trompé, répondit Mohammad, mais c'est toi qui as oublié la relation rapportée d'après toi (*er-réwâyah*). »

(2) *Taman el metl*, c'est-à-dire le prix qu'aurait une chose semblable.

De renchérir *(saum)* [c'est-à-dire de demander à acheter à un prix élevé] sur l'offre d'autrui [c'est-à-dire sur l'offre faite par autrui d'acheter à un prix modique], lorsque les parties sont tombées d'accord sur un prix [déterminé et qu'il ne reste plus entre elles que le contrat (à conclure)];

P. 499 D'aller à la rencontre des approvisionnements apportés au marché [denrées, animaux, etc.] lorsqu'il en résulte un dommage pour les habitants de la ville. [Toutefois si cela ne cause aucun préjudice aux habitants de la ville, parce qu'ils n'ont pas besoin de ces approvisionnements, il n'y a pas de mal à le faire, à moins que, dissimulant aux arrivants le véritable prix de la ville, on n'achète d'eux à un prix inferieur à ce dernier, ce qui est blâmable];

Pour le citadin, de vendre au bédouin [ou pour le compte du bédouin] dans le dessein de pousser à la hausse des prix, en un temps de disette;

Et de vendre au moment de l'appel à la prière du vendredi.

[Il n'est] pas [blâmable] de vendre à celui qui donne un prix plus fort [lorsque le prix n'a pas (encore) été arrêté entre les parties].

La vente est valable dans tous ces cas [c'est-à-dire dans tous les cas qui viennent d'être mentionnés depuis « Il est blâmable de pratiquer le *nadjach* » jusqu'ici].

Si quelqu'un est propriétaire de deux jeunes esclaves *(mamloûk)* ou d'un grand et d'un jeune, dont l'un soit très-proche parent *(dou rehm mohram)* (1) de l'autre, il sera blâmable pour lui de les séparer [avant l'âge de puberté, par vente, donation, etc.], sans un motif légitime *(haqq mostaheqq)*; mais la vente est valable [dans ce cas également], contrairement à

(1) C'est le degré de parenté qui, entre sexes différents, rendrait le mariage illicite.

l'opinion d'Abou Yousef, quand il s'agit de la parenté de mère à enfant, dans une relation [rapportée de lui], et annulable dans tous les cas, suivant une autre [relation].

S'ils étaient grands tous les deux, rien n'empêcherait de les séparer.

CHAPITRE

DE LA RÉSILIATION A L'AMIABLE (**Iqâlah**).

P. 500 Elle est valable moyennant deux mots (1) dont l'un au futur, contrairement à l'opinion de Mohammad [qui met pour condition que les deux mots soient au prétérit, comme pour la vente].

Elle est subordonnée à *(tatawaqqaf a'la)* l'acceptation [en séance, comme la vente].

Elle constitue, à l'égard de tout autre que les deux contractants, d'après le consentement général *(idjmâ')*, une vente nouvelle, et, à leur égard, après la prise de possession, une rescision *(faskh)* [du contrat]. En conséquence, s'il n'est plus possible d'en faire une rescision, la résiliation à l'amiable sera nulle. Dans l'opinion d'Abou Yousef, c'est une vente; conséquemment s'il n'est plus possible d'en faire une vente, ce sera une rescision, et s'il n'est plus possible [d'en faire (ni) une rescision (ni) une vente] la résiliation à l'amiable sera nulle. Suivant Mohammad, c'est une rescision : si donc celle-ci n'est plus possible, ce sera une vente, et s'il n'est plus possible [d'en

(1) Le *Reudd el Mohtâr*, IV, p. 144 porte : « Moyennant deux mots au prétérit, ou dont l'un est au futur. » Notre texte doit sans doute être rectifié ainsi.

P. 501 faire (ni) une vente, (ni) une rescision], la résiliation à l'amiable sera nulle.

La résiliation amiable, avant la prise de possession, est une rescision en ce qui concerne les choses meubles et autres [c'est-à-dire en ce qui concerne les meubles et les immeubles, dans l'opinion d'Abou Hanîfah et de Mohammad; suivant Abou Yousef, c'est une vente nouvelle à l'égard des immeubles *('aqâr)*]. Conséquemment si on y convenait [c'est-à-dire dans la résiliation à l'amiable] d'un prix supérieur au premier ou d'un genre différent, cette condition serait nulle et le premier prix, obligatoire *(lazem)*. Chez les deux disciples, la condition *(chart)* serait valable, si [la résiliation à l'amiable] avait lieu après la prise de possession, et on ferait de la résiliation une vente [nouvelle].

S'il a été convenu un prix moindre [que le premier], sans que la chose ait été atteinte d'un défaut [chez l'acheteur], le premier [prix] sera obligatoire encore [dans l'opinion d'Abou Hanîfah et de Mohammad]; pour Abou Yousef] on fera [de la résiliation à l'amiable,] une vente et [la condition] sera valable même si [la chose vendue] a été atteinte d'un vice [chez l'acheteur].

[La résiliation à l'amiable] n'est pas valable, après que la chose vendue a enfanté, contrairement à l'opinion des deux disciples.

La perte du prix n'empêchera pas [la résiliation amiable]; au contraire, la perte de la chose vendue [l'empêchera].

La perte d'une partie [de la chose vendue] empêchera [la résiliation amiable] au prorata de la quantité (*qadr*) de cette partie [par rapport à la totalité].

CHAPITRE

DE LA VENTE A BÉNÉFICE (**Morâbahah**) ET DE LA VENTE A PRIX RÉDUIT (**Tawlyah**).

La *morâbahah* est la vente de ce qu'on a acheté, au prix de revient et un surplus (*zyâdah*).

P. 502 La *tawlyah* est la vente [de ce dont on est propriétaire], au prix de revient, sans augmentation ni diminution.

La *wadî'ah* (la vente à perte) est la vente à un prix inférieur au prix de revient.

Ces ventes ne sont valables qu'autant que le premier prix est une chose fongible (1) [telle que le derham et le dînâr, ce qui est *kayly* et ce qui est *wazny*] ou se trouve dans le patrimoine (*meulk*) de celui qui veut acheter, et que le bénéfice (*rabh*) est connu.

Il est permis de joindre au capital (2) (*râs el mâl*) le salaire (*eudjrah*) du dégraissage, de la teinture, de la bordure (*térâz*), de la frange, de la conduite des moutons et du courtier; toutefois on dira [après avoir joint le salaire de tous ces travaux]: “ La chose me revient à tant ”, et non : “ Je l'ai achetée [à tant] ”. On ne joindra pas sa dépense personnnelle d'entretien, ni les salaires du berger, du médecin, du professeur et le loyer du magasin.

P. 503 Si l'acheteur vient à découvrir le dol (*khyânah*) [du vendeur], dans la vente à bénéfice [soit par la preuve testimoniale, soit par l'aveu ou le refus de serment du vendeur], il aura l'option entre prendre la chose pour la totalité de son prix [qui est celui qui a été nommé] ou l'abandonner [si l'abandon est possible].

(1) *Metly*, c'est-à-dire qui se retrouve dans le commerce sans différence de prix.

(2) C'est-à-dire le premier prix.

Si [le dol est découvert] dans la vente à prix coûtant, l'acheteur déduira (*yaheutt*) du prix le montant du dol ; ce qui est (conforme à) la déduction analogique (*qiâs*) dans la vente à perte.

D'après Abou Yousef, il déduira, dans ces deux espèces de vente [celle à bénéfice et celle à prix coûtant], le montant du dol ainsi que la portion de bénéfice correspondante à ce montant, dans la vente à bénéfice. [Par exemple, quelqu'un a dit : « J'ai acheté cette étoffe pour dix [derhams] », et il l'a vendue à bénéfice pour quinze ; ensuite il s'est révélé que le vendeur l'avait achetée pour huit : l'acheteur déduira le montant du dol, soit deux derhams, et déduira en outre du bénéfice ce qui correspond au montant du dol, c'est-à-dire un seul derham. En conséquence il prendra l'étoffe pour douze derhams.]

Suivant Mohammad, il aura l'option [entre prendre pour tout le prix ou abandonner], dans les deux ventes [c'est-à-dire dans la vente à bénéfice et celle à prix coûtant].

Si [la chose vendue] périssait [après la manifestation de l'option, dans la vente à bénéfice], avant la restitution [au vendeur] ou que la rescision fût *empêchée* [parce qu'il est survenu un empêchement à la restitution], l'intégralité du prix [nommé] serait obligatoire [et l'option serait éteinte] à l'unanimité.

Si quelqu'un achète une chose à dix [derhams] et qu'après l'avoir vendue à quinze, il l'achète une seconde fois à dix, il la vendra à bénéfice pour cinq [et dira : « Elle me revient à cinq »].

S'il l'a rachetée à cinq, il ne pourra opérer la vente à bénéfice [c'est-à-dire que, quand le bénéfice absorbe (*estaghraq*) le prix, il ne pourra absolument pas vendre la chose à bénéfice, suivant l'imâm] ; d'après les deux disciples, il pourra vendre à bénéfice pour le dernier prix, sans aucune restriction [soit que le bénéfice absorbe le prix, comme dans la seconde hypothèse, ou qu'il ne l'absorbe pas, comme dans la première].

Si un esclave autorisé à faire le commerce *(madoûn)* et endetté *(madyoûn)* fait un achat pour dix [derhams] et vend à son maître pour quinze, ou *vice versâ* [de telle manière que le maître achète pour dix, par exemple, et vende à son esclave *autorisé* et dont le passif absorbe l'actif, pour quinze], il [le maître dans la première hypothèse, l'esclave dans la seconde] pourra faire une vente à bénéfice pour dix [et dira : « La chose me revient à dix »].

P. 504 Si un commandité *(modâreb)* à la moitié achetait [quelque chose avec l'argent de la commandite] pour dix derhams et qu'il le vendît au commanditaire *(rabb el mâl)* pour quinze, le commanditaire pourrait vendre à bénéfice pour douze et demi. [Il dira : « La chose me revient à douze et demi. »]

[Celui qui veut vendre à bénéfice] pourra faire cette vente sans déclaration *(bayân)* [c'est-à-dire sans déclarer qu'il a acheté la chose en bon état pour tel prix et qu'ensuite elle a été atteinte chez lui d'un défaut], si la chose vendue était devenue borgne, ou si l'esclave, qui n'était plus vierge, avait eu des rapports sexuels, ou si la pièce d'étoffe avait été trouée par des rats ou atteinte par le feu ; mais si l'œil avait été arraché, ou si, étant vierge, l'esclave avait eu des rapports sexuels, ou si l'étoffe s'était coupée par suite du pliage et du dépliage, la déclaration serait obligatoire.

Si quelqu'un ayant acheté à terme vend à bénéfice sans déclaration [c'est-à-dire si quelqu'un, ayant acheté une étoffe à terme pour dix derhams, la vend comptant avec un bénéfice d'un derham, sans le déclarer, et qu'ensuite l'acheteur ait connaissance de son dol, ce dernier aura l'option : s'il veut, il restituera l'étoffe, et, s'il veut, il l'acceptera], l'acheteur aura l'option. Mais si [l'acheteur] fait périr [la chose vendue] et qu'ensuite il ait connaissance [que le prix était payable à terme], il sera tenu de l'intégralité du prix [nommé].

Il en est de même de la vente à prix coûtant.

Si on achetait en un seul marché deux pièces d'étoffe pour cinq [derhams] les deux, il serait blâmable de vendre l'une d'elles à bénéfice pour cinq, sans [en faire la] déclaration.

P. 505 Si quelqu'un vend à prix coûtant [une chose] pour le (prix) auquel elle lui est revenue [ou pour le (prix) auquel il l'a achetée], sans en avoir fait connaître à l'acheteur [durant la séance] le montant (*qadr*) [c'est-à-dire à combien elle lui est revenue, la vente] est annulable [pour ignorance du prix. Il en est de même de la vente à bénéfice]. S'il le lui fait connaître durant la séance, (l'acheteur) aura l'option [entre la prendre et la laisser].

SECTION.

[SUR L'EXPOSÉ DE LA (RE) VENTE AVANT LA PRISE DE POSSESSION DE LA CHOSE VENDUE, LA LIBRE DISPOSITION DU PRIX, L'AUGMENTATION, LA DIMINUTION, ETC.]

La vente des choses mobilières, avant qu'on en ait pris possession, n'est pas valable.

Elle est valable à l'égard des immeubles [c'est-à-dire que la vente d'un immeuble dont la perte n'est pas à craindre est valable avant qu'on en ait pris possession, suivant Abou Hanîfah et Abou Yousef,] contrairement à l'opinion de Mohammad.

Si quelqu'un achète une chose *kayly* à la mesure [c'est-à-dire sous la condition du mesurage], il ne lui sera pas permis de la vendre, ni de la manger, jusqu'à ce qu'il la mesure [une seconde fois].

Le mesurage du vendeur, après le contrat, en présence [de l'acheteur] suffit. C'est là l'interprétation exacte.

P. 506 Il en est de même [que pour le *kayly*] de ce qui est *wazny* et *'adady*, mais non de ce qui se vend à l'aunage (*madroû'*) [c'est-à-dire qu'il n'est pas illicite (*lâ yahram*), mais au contraire permis (*yadjoûz*) de le vendre et d'en disposer avant d'avoir procédé à un nouvel aunage, après la prise de possession].

Il est valable de disposer du prix [par vente, donation, louage, legs, translation de propriété au débiteur moyennant ou sans un équivalent] avant d'en avoir pris possession [soit qu'il consiste en choses qui ne se déterminent pas, comme les monnaies, ou en choses qui se déterminent, comme ce qui est mesuré et ce qui est pesé].

Il est valable de le diminuer [c'est-à-dire il est valable que le vendeur déduise une partie du prix] et de l'augmenter, alors que la chose vendue subsiste, [si le vendeur accepte en séance ; et même si (l'acheteur) augmentait et que (le vendeur) n'acceptât pas jusqu'à la séparation (complète) des parties, l'augmentation serait nulle ;] mais non après qu'elle a péri.

De même [il est valable] d'augmenter la chose vendue [et le vendeur sera tenu de remettre ce surplus, si l'acheteur en accepte l'offre].

Tout cela est sujet à revendication (1) [c'est-à-dire la revendication du vendeur et de l'acheteur (peut s'exercer) sur la totalité du prix, de la chose vendue, de l'excédant et de ce qui a été augmenté. En effet, l'augmentation et la diminution accèdent au contrat primitif (2), pour nous Hanafites].

P. 507 On vendra donc à bénéfice ou à prix coûtant pour le (prix) total, s'il y a eu augmentation, et pour le (prix) restant, s'il y a eu diminution (*hatt*).

Le préempteur prendra (la chose) pour le prix moindre, dans les deux hypothèses [c'est-à-dire l'hypothèse de l'augmentation et celle de la diminution].

Si quelqu'un dit : « vends ton esclave à Zayd pour mille (derhams) à la condition que je serai garant de

(1) Litt. " La revendication s'attache à tout cela. "

(2) *Yaltahéqân bé-asl el 'aqd.*

tant [soit cent (derhams), par exemple,] sur le prix, en sus des mille (derhams), [le maître de l'esclave] prendra les mille (derhams) de Zayd et le surplus du garant.

S'il n'a pas dit « sur le prix » [la question restant entière], Zayd devra les mille (derhams) et [le garant] ne devra rien.

Toute dette payable à une échéance certaine est valablement reportée (par le créancier) à un autre terme, à l'exception du prêt de consommation (*qard*), si ce n'est, [en ce qui regarde celui-ci,] en cas de dispositions testamentaires.

Il n'est pas valable de fixer pour terme une époque excessivement incertaine (*madjhoûl*), comme le souffle du vent [ou la chute de la pluie, par exemple], mais il est valable de le faire à l'égard d'une époque approximative, telle que la moisson ou autre événement analogue.

CHAPITRE

DE L'USURE (**Rébwa**).

P. 508 [Comme terme juridique] c'est l'excédant (*fadl*) d'un *bien* [c'est-à-dire l'excédant de l'une de deux choses de genre identique sur l'autre, trouvé d'après le mode d'évaluation (*mé'yâr*) fixé par la loi, c'est-à-dire le mesurage à la mesure de capacité ou le pesage. Ainsi l'excédant de deux *qafîz* d'orge sur deux *qafîz* de froment ne constitue pas une usure], privé [cet excédant étant privé] d'équivalent (*'éwad*), et stipulé en faveur de l'un des deux contractants, dans l'échange (*mo'âwadah*) d'un *bien* contre un *bien*.

Elle (1) a sa cause (*'ellah*) dans la quantité (*qadr*) [mesure ou poids] et le genre [c'est-à-dire dans (l'identité de) quantité unie à l'identité de genre dans les deux objets donnés comme équivalents. La cause est donc, chez nous Hanafites, la réunion de ces deux qualités].

Par conséquent il est illicite (*harem*) de vendre une chose *kayly* ou *wazny* pour une chose du même genre [comme le froment pour le froment ou l'or pour l'or] avec un excédant [parce qu'il y a là usure], ou à terme [à cause de la ressemblance qu'il y a là avec l'excédant, attendu que le paiement comptant (*naqd*) constitue du bien (*khayr*)] (2), quand même ce ne seraient pas des comestibles, comme le plâtre [en fait de choses qui se vendent à la mesure] et le fer [en fait de choses qui se vendent au poids].

Il est licite (*hall*) [de vendre ces choses] à égalité, lorsqu'il y a prise de possession réciproque, ou avec un excédant, quand il n'y a pas de détermination (possible), comme une fois les pleines-mains pour deux fois les pleines-mains, parce que le mesurage leur est refusé. Ce qui est au dessous d'un demi-sâ' suit la même règle que les pleines-mains, la loi n'ayant pas d'évaluation pour ce qui est au dessous (de cette mesure) ; toutefois si l'un des deux équivalents atteint ou dépasse un demi-sâ', et que l'autre y soit inférieur, la chose n'est pas permise]; — un œuf pour deux œufs, — et une datte pour deux dattes.

(1) D'après le *Reudd el mohtâr* (IV, p. 178), le pronom ne se rapporterait pas à *usure*, qui précède, mais aux mots *prohibition de l'excédant* sous-entendus.

(2) " Car le plus et le moins ne s'entendent pas seulement de la quantité, mais aussi du temps; en effet, c'est donner plus que de donner immédiatement, c'est donner moins que de donner après un certain temps." *Instituts de Justinien*, apud Accarias, t. II, p. 348.

509 Si les deux qualités [c'est-à-dire la mesure ou le poids, avec le genre] existent, l'excédant sera illicite [comme un *qafîz* de blé pour deux *qafîz* du même produit], ainsi que le terme (*nasâ*) [quand même il y aurait égalité, comme deux *qafîz* pour deux *qafîz* du même produit, l'une des deux choses ou toutes deux étant vendues à terme, (et cela) à cause de l'existence de la cause].

Si elles n'existent pas [c'est-à-dire ni l'une ni l'autre], l'excédant (*fadl*) et le terme (*nasâ*) seront licites.

Si l'une d'elles seulement existe, l'excédant (*tafâdol*) sera licite [comme quand il est vendu un *qafîz* de froment pour deux *qafîz* d'orge, *de la main à la main* (1), ou cinq coudées d'étoffe d'Hérat pour six coudées de la même étoffe, de la main à la main], mais non le terme [c'est-à-dire que dans ces deux hypothèses, le terme ne sera pas licite, même avec l'égalité].

La vente à terme avec avance du prix (2) d'un vêtement d'Hérat pour un vêtement d'Hérat n'est donc pas valable; ni celle de blé pour de l'orge.

La détermination (*ta'yîn*) et la prise réciproque de possession [en séance] sont des conditions du change (*sarf*); dans tout autre [contrat que le *change* parmi ceux qui donnent lieu à l'usure] la détermination seule [est une condition].

Ce dans quoi le texte (de la loi) a interdit de pratiquer l'usure à la mesure de capacité (*kayl*) est à tout jamais *kayly*, comme le blé, l'orge, les dattes et le sel. S'il a été interdit par le texte (de la loi) [d'y pratiquer l'usure], au poids (*wazn*), c'est à tout jamais *wazny*, comme l'or et l'argent, quand bien même la coutume aurait consacré le contraire [attendu que le texte (de la loi) est une chose péremptoire et plus forte que la coutume (*'eurf*). Or ce qui est plus fort ne se laisse pas pour ce qui est plus faible].

(1) C'est-à-dire immédiatement.
(2) *Salam*.

Dans le silence de la loi [c'est-à-dire sur la question de savoir si une chose est *kayly* ou *wazny*], on s'en rapporte à la coutume ; tel est le cas pour toutes les choses autres que les six susmentionnées [depuis le blé jusqu'à l'argent].

Il n'est donc pas permis de vendre le blé pour le blé, à égalité de poids [attendu que le blé est, aux termes de la loi, une chose *kayly* et non *wazny*] ; ni l'or pour l'or, à égalité de mesure [car l'or est une chose *wazny* et non *kayly*].

P. 510 Mais il est permis de vendre un *fels* déterminé pour deux *fels* déterminés, [suivant les deux Cheikhs (1),] contrairement à l'opinion de Mohammad.

Il est permis de vendre l'étoffe de coton pour le coton [et de même pour le coton filé, quel qu'il soit] ;

Et de vendre la viande pour l'animal en vie (*haywân*), [d'après les deux cheikhs;] suivant Mohammad, il n'est pas permis de la vendre pour un animal d'un genre identique, à moins que la viande ne soit en plus grande quantité que celle qui se trouve dans l'animal.

Il est permis de vendre la farine pour la farine à égalité de mesure [non avec un excédant] ; mais non pour le *sawîq* [c'est-à-dire des particules de froment frites, tandis que la farine consiste en particules de froment non frites], d'aucune manière [c'est-à-dire ni avec un excédant, ni à égalité, suivant l'imâm] ; les deux disciples professent l'opinion contraire [c'est-à-dire que, d'après eux, cela est permis comme que ce soit].

Il est permis de vendre les dattes fraîches pour les dattes fraîches, à égalité ;

Et de même de vendre les dattes fraîches pour les dattes sèches, et les raisins frais pour les raisins secs, à égalité, [d'après l'imâm,] contrairement à l'opinion des deux disciples.

(1) Cette expression désigne Abou Hanifah et Abou Yousef.

Il l'est également de vendre le blé humide ou mouillé pour le blé pareil ou pour le blé sec, à égalité ;

Et les dattes sèches et les raisins secs, macérés dans l'eau, pour les fruits pareils, à égalité, [suivant les deux cheikhs,] contrairement à l'opinion de Mohammad [dans tous ces cas].

P. 511 Il est permis de vendre la viande d'un animal pour la viande d'un animal non identique de genre, avec un excédant, [contre remise immédiate (*naqdan*) ;]

Il en est de même du lait.

Le buffle forme avec le bœuf un genre identique ; il il en est de même de la chèvre avec la brebis et du chameau de la Bactriane (*bokht*) avec le chameau arabe (*'arâb*).

Il est permis de vendre le vinaigre de raisins pour le vinaigre de *daqal* (mauvaises dattes), [contre remise immédiate,] avec un excédant ;

Et de même, la graisse du ventre pour la queue grasse du mouton ou pour la viande ;

Et le pain pour le blé, la farine ou le *sawîq*, [avec un excédant, parce qu'il n'y a pas identité de genre ; car le pain est une chose *wazny* ou *'adady* (nombrable), tandis que le blé est *kayly*, d'après le texte de la loi, et ils ne sont pas soumis tous les deux à un même mode d'évaluation (*qadr*). Il en est de même de la vente du pain pour la farine ou le *sawîq*], — si même l'une des deux choses est (vendue) à terme. Cette règle sert de base aux *fetwas* à cause de la pratique].

Il n'est pas permis de vendre des choses *usuraires* dont l'une serait bonne et l'autre mauvaise, si ce n'est à égalité ;

Non plus que les dattes *bosr* (1) pour les dattes sèches (*tamr*) ;

Ni le blé pour la farine, le *sawîq* ou le son, absolument [c'est-à-dire ni à égalité, ni avec un excédant] ;

(1) Ce sont celles qui ne sont pas encore mûres, mais qui ont déjà acquis la grosseur voulue.

Ni les olives pour l'huile d'olive et le sésame pour l'huile de sésame, que l'huile d'olive et l'huile de sésame ne soient en plus grande quantité que celles contenues dans les olives et le sésame, pour que le surplus soit dans le marc.

Le pain ne peut être l'objet d'un prêt de consommation (*qard*) d'aucune manière [c'est-à-dire ni au poids, ni au nombre, suivant l'imâm, à cause de la différence excessive qui existe sous le rapport de la longueur, de la largeur, de l'épaisseur, de la mincité, et eu égard au boulanger et au four]. D'après Abou Yousef, il est permis [de l'emprunter] au poids, et cette opinion sert de base aux *fetwas*. Suivant Mohammad, cela est égament permis au nombre [à cause de la coutume et de la pratique].

Il n'y a pas d'usure entre le maître et son esclave [attendu que tout ce qui est en la possession de ce dernier est la propriété du premier];

P. 512 Ni entre le musulman et le *harby*, en pays des infidèles. [Cette opinion, qui est celle d'Abou Hanîfah et de Mohammad, est contraire à celle d'Abou Yousef.]

CHAPITRE

DES DROITS (**Hoqoûq**) ET DE LA REVENDICATION (**Estehqâq**).

Le haut et les latrines sont compris dans la vente de la maison [même s'il n'a pas été fait mention des mots « avec tous droits lui appartenant » ou d'autres analogues ; car la maison (*dâr*) est le nom donné à tout ce qu'entoure le mur qui sert de limite et il comprend des chambres, des *manzel* (1) et une cour non couverte ; le haut en est une des parties]; mais non la *dollah* [la *dollah* est le *sâbât* (2) dont l'une des extrémités repose sur une maison et l'autre extrémité sur une autre maison ou sur des piliers élevés dans la rue, et dont l'ouverture se trouve dans la maison vendue], si ce n'est avec la mention de « tout droit lui appartenant » [c'est-à-dire à la maison] ou « avec ses dépendances (*marâfeq*) » [c'est-à-dire avec la mention de ses dépendances qui (ne) sont (autres que) ses droits (*hoqoûq*), c'est-à-dire : « Je te l'ai vendue avec ses dépendances »] ou « avec tous [droits] peu nombreux ou nombreux qui s'y trouvent ou en font partie. » [Alors, en effet, la *dollah* est comprise dans la vente de la maison, suivant l'imâm.] D'après les deux disciples, elle y est comprise [sans la mention de rien de ce que nous venons de dire, si elle a son ouverture dans la maison; car elle est (alors) un des accessoires (*tawâbé'*) de la maison].

P. 513 Le haut n'est pas compris dans l'achat d'un *manzel*, à moins de mention analogue à celle de « avec tout droit » [c'est-à-dire à moins qu'on ne dise : « Avec tout droit lui appartenant, » ou « avec ses dépendances, ou bien « avec tous (droits) peu nombreux ou nombreux qui s'y trouvent on en font partie; » car le *manzel* tient le milieu entre la maison (*dâr*) et la chambre (*bayt*), attendu qu'on y rencontre les dépendances (*marâfeq*) de l'habitation, à un degré moindre, puisqu'il n'y a pas d'écurie pour les bêtes de somme. C'est pourquoi, à cause de la ressemblance du *manzel* avec la maison, le haut y est compris, à titre d'accessoire, lorsqu'il est fait mention des *droits*, et, à cause de sa ressemblance avec la chambre, il n'y est pas compris sans cette mention] ;

(1) Corps de logis, logement détaché de la masse du bâtiment principal.

(2) Passage entre deux maisons *ou* deux murailles couvert d'un toit. *Kazimirski*.

Ni dans l'achat d'une chambre, si même il a été fait mention de *tous droits* [ou d'expressions analogues];

Non plus que le chemin (*târiq*) [dans la vente de ce qui a un chemin];

Ni le conduit d'eau (*masîl*) [dans la vente de ce qui a un conduit d'eau].

Le droit à une part de l'eau (*cherb*) [n'entre pas] non plus [dans ce qui jouit du *cherb*], si ce n'est avec une mention analogue à celle de « *tous droits* ».

[Toutes ces choses] sont comprises dans le louage, sans aucune mention [de termes analogues à ceux de « tous droits », lorsque le locataire ne peut jouir sans elles de ce qu'il a loué. Il en est de même du gage et de l'aumône immobilisée (1)].

SECTION.

[SUR L'EXPOSÉ DES RÈGLES AUXQUELLES EST SOUMISE LA REVENDICATION.]

La preuve testimoniale (*bayyénah*) est une preuve (*heudjdjah*) transitive (2) [vers autrui], et l'aveu (*iqrâr*), une preuve intransitive (3). La contradiction (*tanâqod*) empêche la réclamation de propriété (*da'wa el meulk*), mais non [la réclamation] de liberté, de divorce et de filiation (*nasab*) :

Si donc une esclave vendue accouchait [chez l'acheteur] et était ensuite revendiquée en vertu d'une preuve testimoniale, son enfant la suivrait, s'il se trouvait en la possession de l'acheteur, et le juge le comprendrait dans sa sentence. Suivant quelques juriscon-

(1) *Es-sadagah el mawqoûfah.*

(2) *Mota'addyah.* Litt. « qui transite. »

(3) *Qâsérah.* Litt. « Courte. » D'après le *Dict. of techn. terms*, c'est, en terme de grammaire, l'opposé de *mota'addyah*.

sultes, le jugement concernant la mère suffira [attendu que l'enfant est l'accessoire de celle-ci et est compris par conséquent dans le jugement qui la concerne].

Si [l'acheteur] avoue que l'esclave [vendue] appartient à un homme, l'enfant de celle-ci ne la suivra pas.

P. 514 Si un individu dit à un autre [c'est-à-dire à un homme qui demande à acheter un esclave] : "Achète-moi ; je suis un esclave [appartenant à un tel]," et que [se fondant sur ces paroles] l'autre l'ayant acheté, il se découvre qu'il est de condition libre, [l'esclave] qui a donné l'ordre ne sera pas responsable, si le vendeur est présent ou que, [étant absent,] le lieu où il est allé soit connu; dans le cas contraire [c'est-à-dire si le vendeur n'est pas présent et que sa résidence soit inconnue], il sera responsable [c'est-à-dire que l'acheteur aura son recours contre l'esclave pour le prix] et [l'esclave] recourra [pour le prix] contre le vendeur, quand celui-ci se présentera.

S'il a dit : "Prends-moi en gage [je suis esclave", et qu'après qu'il l'a pris en gage, il se découvre qu'il est un homme libre], il n'encourra pas de responsabilité, d'aucune manière [que le vendeur soit présent ou non, et que sa résidence soit connue ou inconnue].

Si quelqu'un, après avoir réclamé en justice un droit indéterminé (*madjhoûl*) (1) sur une maison, transige pour quelque chose [comme cent derhams, par exemple, que le demandeur prend] et qu'une partie [de la maison] soit revendiquée, il n'y aura pas de recours contre lui [c'est-à-dire contre le demandeur pour rien de ce qu'il a reçu en contre-valeur (*badal*) ; mais si elle était revendiquée tout entière, il restituerait l'intégralité de cet équivalent (*'ëwad).*

Cette décision fait comprendre qu'il est valable de transiger sur une chose indéterminée [pour une chose certaine) *ma'loûm*)].

(1) C'est-à-dire sans spécifier s'il réclame la moitié, le quart, etc., de la maison.

Si [le demandeur] avait réclamé toute la maison [et qu'après qu'il a transigé pour quelque chose, comme cent derhams, par exemple, une partie de la maison fût revendiquée], il restituerait la portion (de cette somme) correspondante à ce qui a été revendiqué, lors même qu'il ne serait revendiqué qu'une partie [de la maison].

Quelqu'un dont la propriété (*meulk*) a été vendue par un tiers non autorisé (*fodoûly*) (1) [dans le langage technique des jurisconsultes, c'est celui qui n'est ni tuteur (*waly*), ni mandataire (*wakîl*)] aura le droit de rescinder ou de ratifier la vente [c'est-à-dire que la vente est contractée, mais subordonnée (*mâwqoûf*) à la ratification du propriétaire, sous quatre conditions, ainsi qu'on le lit dans le *Bahr*; l'auteur les expose en disant :] sous les conditions suivantes : que les deux contractants, l'objet du contrat [c'est-à-dire la chose
P. 515 vendue], le premier propriétaire, [car sa mort entraînerait la nullité du contrat en suspens] et aussi le prix, s'il consiste en une marchandise (*'ârd*), existent.

Lorsque [le propriétaire] ratifie [la vente, les cinq (2) (conditions) ci-dessus énumérées existant, la vente sera permise et par suite] le prix, s'il consiste en une marchandise, deviendra la propriété du *fodouly*, et celui-ci devra une chose semblable (*metl*) à celle vendue, si elle est fongible (*metly*) ; et sinon [c'est-à-dire si elle n'est pas fongible], sa valeur.

S'il ne consiste pas en une marchandise [c'est-à-dire si le prix, dans la vente faite par le *fodoûly*, consiste en une obligation (*dayn*) et non en une marchandise, comme les derhams, les dinârs, les fels et les choses

(1) M. Van den Berg, dans le *Do ut des*, définit ainsi le *fodouly*: « Celui qui, pour vendre, n'a aucune des qualités suivantes : propriétaire, procureur, tuteur (*wali*), juge, en cas de faillite, ou père, pour son fils mineur. »

(2) *Sic*. C'est sans doute une faute d'impression. Voyez à la page qui suit, il n'est plus question que de *quatre* conditions.

kayly ou *wazny*, qui n'auraient pas été déterminés, et que le propriétaire ratifie la vente, alors que les quatre conditions existent, la vente sera permise et] le prix sera, pour celui qui ratifie, une propriété (*meulk*) en dépôt (*amânah*) entre les mains du *fodoûly*.

Le *fodoûly* a le droit de rescinder avant la ratification du propriétaire.

L'affranchissement de l'esclave acheté de l'usurpateur (*ghâseb*) (1) est valable lorsque la vente est ratifiée [par le maître de l'esclave], contrairement à l'opinion de Mohammad. Mais sa vente n'est pas valable.

Si l'esclave [vendu par le *fodoûly*] subissait chez l'acheteur l'amputation de la main et que la vente fût ratifiée [par le propriétaire], la compensation (*arch*) [due pour la main de l'esclave] reviendrait à l'acheteur, et celui-ci ferait l'aumône de ce qui [dans cette compensation] dépasserait la moitié du prix de l'esclave.

P. 516 Si quelqu'un, après avoir acheté un esclave d'une autre personne que son maître, produit la preuve testimoniale de l'aveu fait par le vendeur [*fodoûly*] ou par le maître, qu'il n'y a pas eu d'ordre [de vendre le dit esclave] et veut le restituer, sa preuve testimoniale ne sera pas admise.

Mais si le vendeur [*fodoûly*] faisait cet aveu par devant le qâdy, l'acheteur [s'il le requérait] aurait le droit de restitution.

Si quelqu'un achetait d'un *fodoûly* une maison et qu'il l'incorporât dans ses constructions, le *fodoûly* ne devrait pas d'indemnité (*damân*), contrairement à l'opinion de Mohammad. [Par maison, l'auteur entend une portion de terrain comprise entre des murailles (*'arsah*), ainsi que l'indiquent les mots, " et qu'il l'incorporât dans ses constructions "].

(1) Le droit musulman définit le *ghâseb* « celui qui détient sans droit la chose d'autrui. »

CHAPITRE

DU *SALAM.*

C'est la vente d'une chose livrable à terme pour une chose payable d'avance.

Le *salam* est valable à l'égard de tout ce dont il est possible d'établir rigoureusement la qualité (*séfah*) [c'est-à-dire la bonté, l'infériorité et autres qualités analogues] ou de connaître la quantité (*qadr*) [c'est-à-dire son évaluation (*meqdâr*), expression plus générale que le mesurage, le pesage et l'aunage], non à l'égard d'autre chose.

Il est donc valable à l'égard de ce qui se mesure [comme le blé et l'orge], de ce qui se pèse [comme le miel et l'huile], à l'exception des deux monnaies [les
P. 517 derhams et les dinârs. Car elles se pèsent, il est vrai, mais elles ne peuvent être l'objet d'un prix, au contraire elles sont elles-mêmes, de création, un prix ; conséquemment le *salam* n'est pas permis à leur égard] et de ce qui est *nombrable-approchant* (1) [ce sont les choses (appartenant à un genre) dont les individus ne présentent pas de différence entre eux, comme les noix et les œufs], au nombre et à la mesure de capacité.

Il en de même des *fels* [c'est-à-dire que le *salam* est valable à leur égard, au nombre ; car ce n'est point de création, mais seulement conventionnellement, qu'ils ont la qualité de prix, qualité que les deux contractants ont le droit d'annuler]. Mohammad professe l'opinion contraire ;

Des briques crues ou cuites, lorsqu'il a été fait mention d'un certain (*ma'loûm*) moule ;

(1) *'Adady motaqârèb.* On entend par là les choses susceptibles d'être comptées et en même temps fongibles (*metly*), c'est-à-dire n'offrant pas de différence de prix entre elles.

Des choses qui s'aunent, comme la pièce d'étoffe, si on en a spécifié la longueur, la largeur et le degré de finesse ;

Du poisson salé, au poids et à l'espèce certains, et également du poisson frais, en (en spécifiant le) genre seulement [c'est-à-dire, le *salam* est valable à l'égard du poisson frais, alors qu'il se trouve sans restriction d'époque de l'année; de telle sorte que s'il ne manquait jamais, le *salam* en serait permis de toute manière, au poids et à l'espèce].

Le *salam* n'est permis à l'égard d'aucun des deux [c'est-à-dire, ni à l'égard du poisson salé, ni à l'égard du poisson frais], au nombre ;

Ni à l'égard des animaux [volatiles ou autres] et de leurs parties [telles que la tête et les extrémités] ;

Ni à l'égard de leurs peaux, au nombre ;

Ni à l'égard du bois à brûler, au fagot, et du fourrage, à la botte ;

Ni à l'égard des pierres précieuses (*djawhar*) et des *kharaz* (1) [que l'on enfile] ;

Ni à l'égard de la viande fraîche. Les deux disciples disent qu'il est valable, lorsqu'on désigne une certaine partie de la viande comme possédant une certaine qualité.

P. 518 Le *salam* n'est pas permis avec une mesure (*kayl*) ou une coudée (*dérâ'*) déterminées dont on ne connaît pas la quantité (*qadr*) ;

Ni à l'égard des denrées d'un village ou des dattes d'un dattier déterminés ;

Ni à l'égard de ce qui ne restera pas [dans les marchés ou les maisons] depuis l'époque du contrat jusqu'à celle de l'échéance.

La condition [de la validité du *salam*] comprend [neuf choses. L'auteur n'en cite que huit] :

1° La désignation (*bayân*) du genre, comme blé ou orge ;

(1) Cf. le *Kanz-'Ayny*, 2e p., p. 52.

2° [Celle] de l'espèce, comme arrosé à l'eau courante ou par la pluie ;

3° [Celle] de la qualité, comme bon ou mauvais ;

4° [Celle] de la quantité (*qadr*), par exemple tant de livres (*ratl*) ou tant de mesures (*kayl*), quand la mesure n'est susceptible ni de se rétrécir, ni de s'élargir ;

5° [Celle] d'un terme certain (*ma'loûm*), dont le minimum est d'un mois, d'après la version la plus authentique [c'est celle relatée d'après Mohammad et qui sert de base aux *fetwas*] ;

6° [Celle] du montant (*qadr*) du *capital* (*râs el mâl*) (1), s'il s'agit de choses *kayly*, *wazny* ou *'adady*. Le *salam* n'est donc pas permis à l'égard de deux genres différents, sans la désignation du *capital* de chacun des deux [c'est-à-dire que si, dans une vente à livrer avec paiement anticipé, on avance cent derhams pour un *keurr* de blé et un *keurr* d'orge, sans spécifier le *capital* afférent à chacun de ces deux produits,
P. 519 cette vente n'est pas valable aux yeux d'Abou Hanîfah; car c'est une condition du *salam* qu'on fasse connaître le montant du *capital*. Conséquemment les cent derhams seront répartis entre le blé et l'orge, d'après la valeur de ces produits, laquelle sera reconnue au juger et par suite indéterminée. Et même s'il n'y avait qu'un seul genre, le *salam* serait valable, attendu que le *capital* serait réparti entre les deux d'une manière égale] ; ni avec deux (sortes de) monnaies, sans qu'on désigne la portion de la chose vendue à laquelle chacune d'elles correspond [c'est-à-dire que, si on avance dix derhams et dix dînârs pour recevoir à livrer dix *qafîz* de blé, la chose n'est pas permise, selon Abou Hanîfah ; car, lorsque le poids des derhams et des dînârs mentionnés n'est pas connu, il s'en suit nécessairement qu'il n'y a pas désignation de la portion de

(1) Ou prix de vente.

la chose vendue à laquelle chaque somme est afférente. Il en est de même quand le poids de l'une des deux sommes est connu et que celui de l'autre ne l'est pas, attendu qu'il en résulte forcément la nullité du contrat en ce qui regarde la portion afférente à ce qui n'est pas connu. Il est également nul pour la portion correspondante à l'autre somme, à cause de l'ignorance et parce qu'il n'y a eu qu'un seul marché].

7° [La désignation] du lieu où la chose sera livrée, si elle est pesante et nécessite des frais de transport ;

Les deux disciples ne font pas une condition de la connaissance du montant du capital, quand il est déterminé (*mo'ayyan*) [attendu que l'indication par signe le rend connu, comme cela a lieu pour le prix et le louage], ni [de la désignation] du lieu de livraison, et [le vendeur] livrera la chose dans le lieu où il a passé le contrat [d'après les deux disciples].

La même divergence [que pour la chose à livrer] existe au sujet [de la condition de déterminer le lieu de l'acquittement] du prix [payable à terme et dont le transport coûterait des frais, comme dans le cas où on aurait vendu une pièce d'étoffe pour un *meudd* de froment payable à terme] ;

Du louage [comme au cas que l'on eût pris à louage une maison ou une bête de somme pour une chose qui se mesure ou se pèse et qualifiée à crédit (1)] ;

Et du partage (*qesmah*). [Tel serait le cas où deux personnes ayant fait le partage d'une maison auraient mis avec le lot de l'une d'elles quelque chose dont le transport occasionnerait des frais].

Ce qui n'exige pas de transport [ni de frais, comme le musc, le camphre, etc.] sera livré [par le vendeur] où il voudra, d'après la version la plus authentique, à l'unanimité.

(1) *Mawsoûf bé 'd-demmah*. Le *Fath el mo'în* (II, p 620), porte *fi' d-demmah*.

P. 520 8° La prise de possession du *capital* [laquelle, si celui-ci ne consistait pas en numéraire (*naqd*), s'effectuerait par l'évacuation (*takhlyah*)], avant la séparation [effective des deux contractants]. C'est une condition pour que [le contrat] reste [valide, non une condition indispensable à sa conclusion. Il est donc valablement contracté sans elle, mais devient annulable par la séparation des parties sans prise de possession. Conséquemment, si le vendeur refusait d'en prendre possession en séance, il y serait judiciairement contraint (*odjber 'alayh*). Il y a là une indication que l'option invalide le *salam*, attendu qu'il empêche la perfection de la prise de possession. La neuvième condition dont l'auteur ne fait pas mention est le pouvoir de procurer la chose vendue à livrer].

Si donc un homme vendait à livrer à un autre un *keurr* de froment pour cent derhams payables comptant et cent derhams dus (*dayn*) par le vendeur à livrer, [le *salam*] serait nul à l'égard de la portion correspondante à la dette seulement [soit que le contrat fût fait en termes généraux, l'acheteur ayant dit : « je t'achète à livrer un *keurr* de froment pour deux cents derhams ", et les parties ayant ultérieurement affecté cent derhams à la compensation de la dette, ou qu'il fût conclu avec une restriction, ainsi : « Je fais cet achat à livrer pour cent derhams comptant et cent derhams que tu me dois », ou soit qu'il eût été fait ou non mention de derhams déterminés, et cela pour défaut de prise de possession].

Il n'est pas permis de disposer (*tasarrof*) du *capital* ou de la chose à livrer, avant d'en avoir pris possession [c'est-à-dire avant que le vendeur ait pris possession du *capital* et l'acheteur, de la chose vendue à livrer], par association (*cherkah*), [le cas de l'association est celui-ci : l'acheteur à livrer dit à un autre : " Donne-moi la moitié du *capital* pour que la moitié de la chose vendue soit à toi »] ou par vente à prix coûtant (*tawlyah*) ; [dans ce cas, il dit : « Donne-moi une chose semblable à celle que j'ai donnée au vendeur à livrer, et la chose à livrer sera à toi. » L'auteur ne cite que ces deux hypothèses particulières, parce-qu'elles se réalisent le plus fréquemment].

Ni [il n'est permis à l'acheteur à livrer] de rien acheter du vendeur à livrer, pour le *capital*, ultérieurement à la résiliation amiable [dans l'hypothèse du contrat de *salam* valable, après qu'il a eu lieu], avant d'avoir pris possession du dit (*capital*) [en vertu de la résiliation amiable. Cette disposition est de pure bienveillance (*estehsân*) et fondée sur les paroles du prophète ; nous avons laissé de côté la déduction analogique (*qiâs*), nous conformant à ces paroles].

Si le vendeur à livrer (*el moslam ilayh*) achetait un *keurr* (de froment) et ordonnait à l'acheteur à livrer (*rabb es-salam*) d'en prendre possession [c'est-à-dire de prendre possession du *keurr* qu'il a acheté, mais dont le vendeur ne lui a pas encore fait la tradition], en acquittement (*qadâ*) [du *keurr* vendu à livrer], ce ne serait pas valable [attendu que les deux qualités du *salam* et de cet achat se trouvant réunies, il faut absolument qu'il soit procédé à deux mesurages].

Si le même ordre était donné par l'emprunteur à celui qui lui a fait un prêt de consommation, ce serait valable [même s'il n'y avait pas un nouveau mesurage].

De même, si le vendeur à livrer ordonnait à l'acheteur à livrer de prendre possession du *keurr*, d'abord pour lui [vendeur] et ensuite pour son propre compte [c'est-à-dire pour le compte de l'acheteur à livrer], et que ce dernier le mesurât pour le vendeur à livrer et ensuite pour lui-même, ce serait valable [à cause du double mesurage].

Si le vendeur à livrer mesurait dans le récipient de l'acheteur à livrer, sur l'ordre de celui-ci [alors qu'il se trouve] absent, cela ne constituerait pas une prise de possession [car, dans le *salam*, l'ordre de mesurer donné par l'acheteur à livrer n'est pas valable, attendu

P. 521 que son droit s'applique à une chose due (*dayn*) et non à une chose déterminée (*'ayn*) ; conséquemment son ordre ne *rencontre* pas sa propriété].

Si le vendeur (*bâyé'*) (dans la vente simple) mesurait de la même manière [c'est-à-dire si, ayant acheté d'un autre des denrées, l'acheteur remettait au vendeur un récipient en lui ordonnant de les mesurer et de les mettre dans le récipient, et que le vendeur le fît, en l'absence de l'acheteur], cela constituerait une prise de possession [attendu que l'acheteur était, en vertu de l'achat, propriétaire de la chose déterminée (*'ayn*) ; son ordre a donc *rencontré* sa propriété et conséquemment, par la mise de celle-ci dans son récipient, il prend possession. Le vendeur était son mandataire pour tenir le récipient, lequel était par conséquent virtuellement placé entre les mains de l'acheteur ; car le mandataire à la prise de possession est assimilé au mandant].

Mais ce serait le contraire si [le vendeur] mesurait les denrées dans son propre récipient ou dans un coin de sa chambre.

S'il mesurait la chose déterminée (*'ayn*) et la chose qu'il doit (*dayn*) dans le récipient de l'acheteur [ainsi, un homme a acheté d'un autre par contrat de *salam* un *keurr* de froment et, par vente simple (*bay'*), à l'échéance du terme du *salam*, un *keurr* déterminé (*mo'ayyan*). Puis l'acheteur a ordonné au vendeur de mettre les deux *keurr* dans le récipient de l'acheteur] : Au cas que [le vendeur, qui est (en même temps) le vendeur à livrer,] ait commencé par la chose déterminée [l'acheteur qui est (aussi) l'acheteur à livrer] se trouvera prendre possession [des deux] ; mais au cas que [le vendeur] ait commencé par la chose qu'il doit (*dayn*), il n'en sera pas ainsi, [dans l'opinion de l'imâm: en ce qui est de la dette (*dayn*), parce que l'ordre donné (par l'acheteur) à l'endroit de celle-ci n'est pas valable, et quant à la chose déterminée (*'ayn*), attendu que (le vendeur) l'a mélangée, avant la livraison, avec sa propriété ; conséquemment elle a péri, d'après Abou Hanifah. La vente sera donc rompue].

Dans l'opinion des deux disciples, la prise de possession de la chose déterminée sera valable; conséquemment si (l'acheteur) veut, il acceptera la société (*cherkah*) [à l'égard du mélange] et, s'il préfère, il rescindera la vente [car, suivant les deux disciples, le mélange ne fait pas périr (la chose)].

Si quelqu'un ayant remis une esclave pour recevoir à livrer un *keurr,* de blé, par exemple [c'est-à-dire, si dans l'achat d'un *keurr* par contrat de *salam*, il avait fait de l'esclave le *capital*] et le vendeur à livrer en ayant pris possession, les parties résiliaient amiablement [le contrat de *salam*] et que l'esclave mourût ensuite [en la possession du vendeur à livrer], avant qu'il l'eût restituée [à l'acheteur à livrer], la résiliation amiable persisterait [telle quelle et ne serait pas annulée par la mort de l'esclave] ; le vendeur à livrer serait tenu de payer la valeur qu'avait l'esclave le jour où il en a pris possession.

Si [l'esclave] mourait [avant la résiliation amiable] et qu'ensuite les parties résiliassent amiablement, la résiliation réciproque (*taqâyol*) serait valable [c'est-à-dire la résiliation amiable (*iqâlah*), après la mort de l'esclave, et le vendeur à livrer en devrait la valeur au jour de la prise de possession].

Il en est de même de l'échange (*moqâyadah*), qui est la vente d'une marchandise (*sal'ah*) pour une autre,] dans les deux hypothèses [savoir : la mort après la résiliation amiable et la résiliation amiable après la mort].

Le contraire a lieu, s'il s'agit de l'achat pour le prix, dans ces deux mêmes cas. [Ainsi quelqu'un a acheté une esclave pour mille derhams ; ensuite les deux parties ont résilié à l'amiable, et l'esclave est morte en la possession de l'acheteur : la résiliation amiable est nulle. Si les deux contractants résiliaient à l'amiable, après la mort de l'esclave, la résiliation serait également nulle, car l'objet de la vente, dans la vente, était seulement l'esclave et le contrat ne subsiste plus après sa mort].

Si l'un des deux contractants d'un *salam* alléguait en justice la désignation du terme ou la clause de mauvaise qualité et que l'autre niât, la déclaration de celui qui allègue [qu'un terme a été fixé ou qu'il a été mis pour condition que la chose serait de mauvaise qualité] ferait foi, quel qu'il fût (*motlaqan*) [c'est-à-dire soit que celui qui allègue ces deux conditions fût l'acheteur ou le vendeur à livrer].

P. 522 Les deux disciples disent que la déclaration de celui qui nie fera foi, s'il est l'acheteur à livrer, dans la première (hypothèse), [c'est-à-dire que la déclaration de l'acheteur à livrer fera foi, suivant les deux disciples, lorsque le vendeur à livrer prétend qu'il a été fixé un terme, attendu qu'il nie une obligation lui incombant (*haqq ʻalayh*), qui est le terme;] ou s'il [celui qui nie] est le vendeur à livrer, dans la seconde (hypothèse) [qui est celle de la mauvaise qualité, attendu qu'il nie].

L'*estesnâʻ* [c'est, aux termes de la loi, la vente d'une chose déterminée (*ʻayn*) travaillée par l'ouvrier : dans cette vente, on demande à l'ouvrier de fournir le travail avec la chose déterminée. Si donc la chose déterminée était fournie par celui qui commande le travail, ce serait un louage (*idjârah*) et non un *estesnâʻ*], à terme [certain, comme qui dirait un mois, par exemple] est un *salam* [et par conséquent les mêmes conditions doivent y être observées].

Il est donc valable à l'égard de toutes choses dont il est possible d'établir rigoureusement la qualité et la quantité, qu'il [l'*estesnâʻ* à leur égard] soit admis par la coutume ou non.

Sans terme [certain], il est valable par pure bienveillance (*estehsân*) à l'égard des choses pour lesquelles il est consacré par la coutume, comme des bottines, une cuvette, un bocal [et autres vases], et constitue une vente (*bay'*), [la déduction analogique (*qiâs*) voudrait qu'il ne fût pas valable, car c'est la vente de ce qui n'existe pas ;] et non une promesse.

L'ouvrier sera donc judiciairement contraint de faire son travail [or, si c'était une promesse, il ne le serait pas] et celui qui a fait la commande ne pourra la rétracter [si c'était une promesse, sa rétractation serait permise].

La chose vendue est la chose déterminée (*'ayn*), non le travail [de l'ouvrier]. Si donc l'ouvrier apportait ce qu'un autre a fait [avant le contrat] ou ce qu'il a fait lui-même avant le contrat et que l'auteur de la commande le prît, ce serait valable. [Or, si c'était son travail qui fût la chose vendue, sa vente ne serait pas valable.]

La chose commandée n'est pas déterminée pour l'auteur de la commande, sans son choix [et son consentement]. Conséquemment, la vente en sera valable pour l'ouvrier, avant que le premier l'ait vue. [Si elle était déterminée pour lui, la vente ne serait pas valable.] [L'auteur de la commande] a donc le droit de la prendre ou de la laisser [c'est-à-dire que celui qui a fait la commande a l'option, après l'inspection : s'il veut, il prendra la chose et, s'il veut, il la laissera. Il n'y a pas d'option pour l'ouvrier, qui sera contraint de faire le travail. Suivant l'imâm, il a l'option, afin qu'il
523 n'ait pas à souffrir un dommage. Mais la première opinion est la vraie. Suivant Abou Yousef, aucune des deux parties ne jouit du droit d'option].

[L'*estesnâ'* sans terme] n'est pas valable à l'égard des choses pour lesquelles il n'est pas consacré par la coutume, comme la pièce d'étoffe.

CHAPITRE

(SUR DES) QUESTIONS DIVERSES.

Il est valable de vendre le chien, le guépard et autres animaux féroces, qu'ils soient ou non dressés.

Le *demmy*, en ce qui regarde la vente, est assimilé au musulman, sauf pour le vin, qui est à son égard ce qu'est le vinaigre à notre égard, et pour le porc, qui est par rapport à lui ce qu'est la brebis par rapport à nous.

Si quelqu'un marie [à un autre] l'esclave qu'il a achetée, (et cela) avant d'en avoir pris livraison, ce
P. 524 sera permis. Si donc elle a des rapports sexuels [avec son mari], [celui qui l'aura mariée] sera (considéré comme) en ayant pris possession. Si elle n'en a pas, il ne le sera pas.

Si quelqu'un, après avoir acheté une chose [mobilière], s'absente [avant de prendre possession de la chose vendue et d'acquitter le prix], en se rendant dans un endroit qui soit connu [et que son vendeur fournisse la preuve testimoniale qu'il la lui a vendue], elle ne sera pas vendue pour (acquitter) la créance de son vendeur, [c'est-à-dire le qâdy ne la vendra pas pour (acquitter) la créance du vendeur, attendu que ce dernier peut, sans cette vente, recouvrer ce qui lui est dû, en se rendant auprès de l'acheteur, et conséquemment il n'y a pas nécessité de mettre la chose en vente, car ce serait annuler le droit de l'acheteur sur la chose déterminée (*'ayn*).] Mais si le lieu où il s'est absenté n'est pas connu [et que le vendeur demande la vente de la chose en recouvrement de son prix], elle sera vendue en recouvrement du prix, pourvu que le vendeur prouve qu'il la lui a vendue, lorsque [l'acheteur absent] n'en aura pas pris possession.

Si l'un des deux (co) acheteurs s'absente, celui qui est présent a le droit d'acquitter l'intégralité du prix et de prendre possession de la chose vendue, ainsi que de la retenir quand [son associé] se présentera, jusqu'à ce que celui-ci paye sa part du prix.

Si quelqu'un achète [une chose] pour mille metqâls d'or et d'argent, les deux [c'est-à-dire l'or et l'argent] seront dus par moitié.

S'il a dit : « Pour mille d'or et d'argent », il devra, de l'or, cinq cents metqâls, et de l'argent, cinq cents derhams *poids de sept* [c'est-à-dire que chaque dix de ces derhams devront peser sept metqâls].

Si une personne a pris possession de pièces de mauvais aloi (*zayf*), au lieu de bonnes monnaies, sans le savoir [c'est-à-dire sans savoir qu'elles étaient de mauvais aloi] et qu'elle les ait dépensées ou qu'elles
525 aient péri, cela constitue un acquittement (*qadâ*). Abou
Yousef dit qu'elle restituera des pièces semblables à celles de mauvais aloi et recevra les bonnes en paiement.

Si des volatiles couvent ou pondent sur un fonds ou qu'une gazelle s'y cache, ce sera [c'est-à-dire les poussins, les œufs et la gazelle susmentionnés seront] à quiconque les prendra.

Il en est de même du gibier qui s'est embarrassé dans un filet tendu pour la chasse, ou qui est entré dans une maison.

Des pièces d'argent ou des sucreries (*seukkar*) ayant été jetées (sur la foule) sont tombées sur le vêtement [de quelqu'un] : si le propriétaire [du vêtement] l'a disposé dans ce but ou s'il a ramassé les pans de son vêtement après que ces objets y sont tombés, ou bien s'il a fermé la porte de la maison après que (le gibier) y est entré, il en devient propriétaire et personne autre n'a le droit de les prendre.

C'est comme si des abeilles faisaient leur miel sur le fonds (*ard*) [d'un homme], ou s'il y avait poussé des arbres, ou s'il s'y était amassé de la terre (entraînée) par le courant de l'eau ; [cela appartiendrait au propriétaire du fonds en tout état de choses, si même son terrain n'avait pas été préparé à cet effet.]

Il n'est pas valable de faire dépendre (*ta'liq*) de la condition, et la condition vicieuse (*fâsed*) rend nuls :

1° La vente (*bay'*) [en conséquence lorsque quelqu'un vend un esclave en mettant pour condition qu'il emploiera ses services pendant un mois, par exemple, la vente est annulable] ;

2° Le louage (*idjârah*) ; [ainsi, quelqu'un loue sa maison à la condition que le locataire lui fera un prêt de consommation ou un cadeau, ou bien il la lui louera si Zayd arrive ; ce louage est annulable.]

3° Le partage (*qesmah*) ; [par exemple, le défunt avait des créances sur divers : on se partage les choses corporelles (*'ayn*) et les créances (*dayn*), sous la condition qu'à l'un des ayant-droit appartiendront les créances et aux autres, les choses corporelles ; ce partage est annulable.]

4° La ratification (*idjâzah*) ; [de cette manière : Un *fodoûly* ayant vendu l'esclave d'une personne, celle-ci dit : « Je ratifie la vente à la condition que tu me feras un prêt de consommation ou un cadeau », ou bien elle la fait dépendre d'une condition (quelconque).]

5° Le retour des époux à l'union conjugale (*radj'ah*) ; [ainsi, le mari dit à la femme qu'il a répudiée avec faculté de la reprendre : « Je te reprends à la condition que tu me feras un prêt de consommation de tant », ou « si Zayd arrive ».]

P. 526 6° La transaction (*solh*) sur un *bien*, [c'est-à-dire moyennant un *bien*, quand on dit : « Je transige avec toi à la condition que tu me laisseras habiter la maison un an, par exemple ; car c'est l'échange d'un bien contre un autre bien et par conséquent une vente.]

7° La libération de la dette (*ibrâ 'an ed-dayn*), [lorsqu'on dit : « Je te libère de ta dette envers moi à la condition que tu me serviras un an » ou « si un tel arrive ».]

8° La révocation du mandataire (*'azl el wakîl*), [de cette sorte : on dit à son mandataire : « Je te révoque à la condition que tu me feras un cadeau » ou « si un tel arrive ».]

9° La retraite spirituelle (*é'étkâf*) ; [on dit, par exemple : « Je ferai une retraite spirituelle, si Dieu me guérit de ma maladie, » ou « si Zayd arrive. »]

10° Le fermage à la part de la grande culture (*mozâra' ah*) ; [on dit : « Je t'accorde un fermage à la part pour ma terre à la condition que tu me feras un prêt de consommation de tant, » ou « si un tel arrive. »]

11° Le fermage à la part des vergers (*mo'âmalah*), [autrement appelée *mosâqâh* (1) ; de cette manière : on dit : « Je conviens avec toi d'un fermage à la part pour mes arbres ou pour mon verger à la condition que tu me feras un prêt de consommation de tant, » ou « si un tel arrive. »]

12° L'aveu (*iqrâr*) ; [ainsi : « Je dois telle somme à un tel, à la condition qu'il me fera un prêt de consommation de tant, » ou « si un tel arrive. »]

13° Le *waqf*, [lorsqu'on dit : « Je constitue ma maison en *waqf*, si un tel arrive. »]

Et 14° La nomination d'arbitre (*tahkîm*) ; [les deux personnes qui nomment l'arbitre disent : « Quand apparaîtra la nouvelle lune, » ou à un esclave ou à un
527 infidèle : « Quand tu auras été affranchi ou quand tu te seras fait musulman, sois notre arbitre. »] Telle est l'opinion d'Abou Yousef, contraire à celle de Mohammad.

Ne deviennent pas nuls par la condition vicieuse (*fâsed*) :

1° Le prêt de consommation (*qard*), [ainsi, le prêteur dit : « Je te fais un prêt de consommation de ces cent (derhams) à la condition que tu me serviras pendant un an, par exemple.]

(1) Litt. « l'arrosage en commun. »

2° La donation (*hébah*), [en ces termes : « Je te fais donation de cette esclave à la condition que son part sera pour moi.]

3° L'aumône (*sadaqah*), [en disant : « Je te fais l'aumône à la condition que tu me serviras pendant une semaine, par exemple.]

4° Le mariage (*nékâh*) ; [ainsi le mari dit : « Je t'épouse à la condition que tu n'auras pas de don nuptial (*mahr*).]

5° La répudiation (*talâq*), [dans ce mode : « Je te répudie à la condition que tu ne te marieras pas avec un autre que moi ».]

6° Le divorce (*khol'*), [le mari s'exprimant ainsi : « Je demande le divorce avec toi (*khâla'touki*) à la condition que je n'aurai pas l'option durant tel délai».]

7° L'affranchissement pur et simple (*'atq*), [de cette manière : « Je t'affranchis à la condition que je jouirai de l'option.»]

8° Le gage (*rahn*), [en ces termes : « Je te remets en gage mon esclave à la condition que j'userai de ses services. »]

9° La nomination de tuteur testamentaire (*isâ*), [le testateur disant : « Je te nomme tuteur testamentaire (1) à la condition que tu épouseras ma fille. »]

10° Le legs (*wasiyah*), [le testateur disant : « Je te lègue (2) le tiers de mon bien, si un tel ratifie la chose.»]

11° La société (*cherkah*) ; [ainsi, quelqu'un dit : « Je te fais mon associé à la condition que tu me donneras tel cadeau. »]

12° La commandite (*modârabah*), [le commanditaire disant : « Je te commandite pour mille (derhams) à raison de la moitié sur le bénéfice, si un tel le veut, » ou « si Zayd arrive. »]

13° L'office de juge (*qadâ*), [le Khalife disant : « Je te nomme qâdy de la Mekke à la condition que tu ne seras jamais destitué. »]

(1) *Awsaytou ilayka.*
(2) *Awsaytou laka.*

14° Les fonctions d'émir (*imârah*), [le Khalife disant : « Je t'investis de l'*imârah* (commandement) de la Syrie, par exemple, à la condition que tu ne monteras pas à cheval. »]

15° Le cautionnement (*kafâlah*), [de cette manière : « Je te cautionne ton débiteur, s'il me fait un prêt de consommation de tant. »]

16° Le transfert de créance (*hawâlah*; [ainsi : « Je te transfère (ma créance) sur un tel à la condition que tu ne recourras pas contre moi (1) en cas de perte. »]

17° Le mandat (*wakâlah*); [dans ce mode : « Je te nomme mon mandataire, si tu me libères de ce que je te dois. »]

18° La résiliation amiable (*iqâlah*), [de cette manière : « Je résilie à l'amiable avec toi cette vente, si tu me fais un prêt de consommation de tant. »]

19° L'affranchissement contractuel (*kétâbah*), [le maître disant à son esclave : « Je t'affranchis moyennant mille (derhams), à la condition que tu ne sortiras pas de la ville », ou « que tu n'iras pas au devant d'un tel, » ou « que tu ne feras aucune espèce de commerce ». L'affranchissement contractuel avec cette condition est valable, et la condition est nulle, parce que la condition ne fait pas partie de l'essence même du contrat (2).]

20° L'autorisation (*edn*) pour l'esclave de faire le commerce, [le maître disant à son esclave : « Je t'accorde l'autorisation de faire le commerce à la condition que tu feras le commerce pendant un mois ou un an, ou autres délais analogues.]

(1) Le texte imprimé porte « contre lui. »

(2) *Solb el 'aqd*, c'est-à-dire, d'après le *Reudd el mohtâr* (IV, p. 230), « l'objet d'échange lui-même (*nafs el badal*); en effet la vente, ajoute le glossateur, repose sur l'un (et sur l'autre) des deux équivalents; conséquemment toute cause d'annulabité se trouvant dans l'un des deux constitue une cause d'annulabilité dans l'essence même (*solb*) du contrat. » Tel serait le cas où le prix de rachat de l'esclave consisterait en vin.

P. 528 21° La réclamation de paternité (*da'wat el walad*), [le maître disant : « Si cette esclave a un part, il est de moi. »]

22° La transaction (*solh*) sur un homicide volontaire, [le représentant (*waly*) de la victime tuée volontairement transigeant avec le meurtrier pour quelque chose, à la condition qu'il lui fera un prêt de consommation ou un cadeau.]

23° Et sur des blessures, [le blessé transigeant à la condition que (son agresseur) lui fera un prêt de consommation ou un cadeau.]

24° Le pacte de tributaire (*'aqd ed-demmah*), [l'imâm (1) disant à un *harby* qui demande à conclure le pacte de tributaire (*demmah*) : « Je te soumets à la capitation, si un tel le veut, » par exemple.]

25° La subordination (à une condition) de la rédhibition pour vice, [(l'acheteur) disant : « Si je trouve un défaut dans l'objet vendu, je le restituerai, si un tel y consent, » par exemple.]

26° Ou de l'option de condition, [de telle sorte que celui qui jouit de l'option de condition, dans la vente, dise : « Je refuserai la vente, » ou « je renoncerai à (*asqatt*) mon droit d'option, si un tel le veut. »]

Et 27° la destitution (*'azl*) du juge, [le Khalife disant au qâdy : « Je t'enlève ta charge de juge, si un-tel le veut. »]

(1) Le chef de la communauté musulmane.

LIVRE DU CHANGE *(Sarf)*.

Le change est [d'après la Loi] la vente d'un prix pour un prix, qu'ils appartiennent tous deux à un même genre [comme la vente de l'argent pour l'argent et de l'or pour l'or], ou non [comme la vente de l'or pour l'argent ou *vice versâ*].

Il est mis pour condition [dans le change, c'est-à-dire la condition pour qu'il reste valable, non pour qu'il soit contracté, est] la prise réciproque de possession *(taqâbod)* avant la séparation [effective].

La vente d'un genre pour un autre [c'est-à-dire de l'or pour l'argent ou *vice versâ*] est valable et à forfait et avec un excédant *(fadl)*, [si les deux contractants prennent réciproquement possession en séance ; car ce que la Loi exige *(el mostahaqq)*, c'est la prise de possession *(qabd)*, non l'égalité. Conséquemment le forfait n'y porte aucun préjudice] ; mais non la vente
P. 529 [d'un genre] pour son même genre [ni à forfait, ni avec un excédant], si ce n'est à égalité (de poids), quand bien même les deux (objets de genre différent) diffèreraient sous le rapport de la bonté et du travail d'orfévrerie.

Si donc la vente est faite [genre pour genre] à forfait, puis, qu'on ait connaissance de l'égalité avant la séparation, ce sera permis.

Il n'est pas permis de disposer de l'équivalent *(badal)* du change, avant d'en avoir pris possession.

Conséquemment, si l'on vendait de l'or pour de l'argent et qu'avec celui-ci on achetât une pièce d'étoffe, avant la prise de possession, la vente de la pièce serait annulable.

Si quelqu'un achetait pour deux mille (derhams) une esclave valant mille, avec un collier [en argent] d'une valeur de mille, et que [l'acheteur] payât comptant [sur le prix] mille, ce serait le prix du collier [car la prise de possession du prix du change est obligatoire comme imposée par la Loi, tandis que la prise de possession du prix de l'esclave ne l'est pas].

S'il achetait l'esclave [ayant le collier] pour deux mille dont mille comptant et mille à terme, le comptant serait le prix du collier [car l'assignation d'un terme dans le change est nulle, et, dans la vente, elle est permise].

Si quelqu'un achète un sabre dont l'ornement [vaut] cinquante [derhams], pour cent [derhams], et paye comptant cinquante, ceux-ci seront la part (*hessah*) de l'ornement, quand même [l'acheteur] ne spécifierait pas [(qu'ils représentent) la part de l'ornement], ou dirait : "C'est le prix des deux".

P. 530 Si [les deux contractants] se séparent sans prendre possession [de rien, la vente] sera valable à l'égard du sabre à l'exclusion de l'ornement, en cas que [le sabre] puisse être isolé [de l'ornement] sans dommage; sinon [c'est-à-dire en cas qu'il ne puisse en être isolé sans dommage, la vente] sera nulle à l'égard des deux (objets).

Si quelqu'un vend un vase en argent [pour de l'argent ou de l'or] et prend possession d'une partie du prix ; puis, que les parties se séparent [avant la prise de possession du solde, le contrat] sera valable à l'égard de ce dont il a été pris possession seulement [à cause de l'existence de sa condition, qui est la prise de possession avant la séparation, et sera nul à l'égard de ce dont il n'a pas été pris possession, à cause de l'inexistence de la condition], et le vase sera commun (*mochtarek*) entre elles.

Si une partie [du vase] est revendiquée, l'acheteur

prendra ce qui restera, à son prorata (*hessah*), ou le rendra [car l'association (*cherkah*) constitue un vice à l'égard du vase].

Si une partie d'un lingot (*noqrah)* [c'est le morceau d'or ou d'argent fondu] que [l'acheteur] a acheté était revendiquée, il prendrait le restant, à son prorata, sans option.

La vente de deux derhams et un dînâr pour deux dînârs et un derham est valable, par pure bienveillance (*estehsân*), [chez nous, en vertu du change d'un genre pour un autre différent. Conséquemment les deux derhams correspondront aux deux dînârs et le dînâr au derham. Zofar et les trois imâms (1) disent que ce contrat n'est permis en aucune manière (*aslan*)];

[Est valable également] la vente d'un *keurr* de blé et un *keurr* d'orge pour deux *keurr* de blé et deux *keurr* d'orge [en prenant les deux *keurr* de blé pour le *keurr* d'orge et les deux *keurr* d'orge pour le *keurr* de blé];

[Est valable] la vente de onze derhams pour dix derhams et un dînar;

P. 531 [Est valable la vente] d'un derham entier (*sahîh*) et deux derhams *ghallah* (2) pour deux derhams entiers et un derham *ghallah*, à cause de l'égalité [dans le poids et parce que l'on n'a pas égard à la bonté. Sur ce point, Zofar et les trois imâms professent encore l'opinion opposée];

[Est valable, du consentement général, la vente d'un dînâr pour dix (derhams) qu'on doit [c'est-à-dire que doit le débiteur], et la compensation a lieu par le contrat même;

Ou pour dix sans la restriction (*motlaqah*) [c'est-à-dire qu'il est valable par pure bienveillance, chez

(1) Ech-Châfé'y, Mâlek et Ebn Hanbal.

(2) D'après le *Reudd el mohtâr* (IV p. 239), ce sont les monnaies que le Trésor refuse parce que ce sont des morceaux, mais que les commerçants acceptent.

nous, pour celui qui doit dix derhams de vendre le dînâr, s'il remet le dînâr et que les deux parties compensent les dix pour les dix. [La déduction analogique (*qiâs*) voudrait que ce ne fût pas permis, et telle est l'opinion de Zofar et des trois imâms, parce que c'est un remplacement (*estebdâl*)].

Ce dans quoi l'argent ou l'or domine est de l'argent ou de l'or, en règle absolue (*hokman*) [attendu que, dans la Loi, c'est ce qui domine qui fait la règle ; car un faible alliage n'enlève pas au derham sa qualité de derham, ni au dînâr sa qualité de dînâr ; en effet les monnaies en usage parmi les gens en contiennent toujours un peu].

Il n'est donc pas permis de vendre le (métal précieux) pur pour ce [dans quoi l'argent domine ou pour ce dans quoi l'or domine], ni d'en vendre une partie pour une partie de l'autre, si ce n'est à égalité de poids.

Et il n'est pas permis d'en faire un emprunt de consommation (*esteqrâd*), si ce n'est au poids [de même que pour les bonnes (pièces)].

Ce dans quoi, en fait d'or et d'argent, l'alliage domine suit la règle des marchandises (*'oroûd*) [et non pas la règle des derhams et des dînârs, attendu que, d'après la loi, c'est ce qui domine qui fait la règle].

Conséquemment on le vendra (valablement) [c'est-à-dire ce dans quoi l'alliage domine] pour le pur, suivant les mêmes modes que l'ornement du sabre et il sera valable de le vendre pour son même genre avec un excédant (de poids), à condition qu'il y ait prise réciproque de possession en séance [dans les deux hypothèses, parce que l'argent se trouve des deux côtés].

Il est valable [de vendre et de faire un emprunt de consommation] en cette monnaie, ayant cours [c'est-à-dire en pièces d'or et d'argent dans lesquelles l'alliage domine], au poids [si elle a cours au poids], ou au nombre [si elle a cours au nombre], ou à l'un et à l'autre [si elle a cours de l'une et de l'autre manière, attendu que, dans le silence de la loi, on a égard à l'usage], et elle ne sera pas soumise à la détermination [tant qu'elle a cours], parce qu'elle constitue un prix [conventionnellement : si donc elle périt avant la livraison, le contrat (qui a eu lieu) entre les parties ne sera pas nul et l'acheteur devra une monnaie semblable].

Si on achetait avec cette monnaie [c'est-à-dire celle dans laquelle l'alliage domine, alors qu'elle passe (*nâfeq*)] et qu'elle cessât d'avoir cours (*kasad*) [avant le paiement (*naqd*)], la vente serait nulle [suivant l'imâm, par la raison que la qualité de prix lui a été acquise par un accident, lequel est l'usage de convention, et, conséquemment, lorsqu'elle cesse d'avoir cours, elle retourne à ce qu'elle était originairement et ne reste plus un prix. La vente est donc nulle comme restant sans prix et l'acheteur doit rendre la chose vendue, si elle subsiste, et une chose semblable ou sa valeur, si elle a péri].

Les deux disciples disent que la vente n'est pas nulle [car le prix se rattache à l'obligation (*demmah*), tandis que la suppression du cours constitue une atteinte aux choses corporelles (*a'yân*) à l'exclusion de l'obligation, et (l'acheteur) ne pouvant plus livrer le
P. 532 prix, parce que le cours a été supprimé, en devra la valeur. C'est de cela que l'auteur dit] : Sa valeur [c'est-à-dire la valeur qu'avait, le jour de la vente, la monnaie dans laquelle l'alliage domine] sera due, suivant Abou-Yousef [attendu que (le prix) est garanti (*madmoûn*) par la chose vendue et conséquemment on prend en considération sa valeur à cette époque, de même que pour la chose usurpée (*maghsoûbah*)] ; et sa valeur sera celle du dernier jour où on en a fait usage [c'est-à-dire le jour où les gens ont cessé d'en faire usage].

Celles de ces monnaies qui n'ont pas cours [parmi celles dans lesquelles l'alliage domine, telles que les pièces de plomb (*rasâsah*) et les *sottoûqiyah*,] seront soumises à la détermination [parce que la (cause) nécessitante (*el moqtadyah*) de la qualité de prix, à savoir l'usage conventionnel, a cessé].

Les pièces dans lesquelles l'alliage est égal (au fin) sont assimilées à celles dans lesquelles l'alliage se trouve en infériorité, dans les ventes et achats et l'emprunt de consommation. [Conséquemment il n'est pas permis de vendre ni de faire un prêt de consommation en ces pièces, si ce n'est au poids, sur le même pied que les mauvais derhams; toutefois le contrat n'est pas rompu, parce que le fin s'y trouve en réalité et qu'il n'est pas *dominé*. On devra donc avoir égard au poids, conformément à la loi].

Il en est de même dans le change [c'est-à-dire que, dans le change également, les pièces contenant un alliage égal (au fin) sont assimilées à celles dans lesquelles l'alliage se trouve en infériorité, de sorte qu'il n'est pas permis de les vendre pour leur genre avec un excédant. Suivant quelques-uns, elles seraient assimilées à celles dans lesquelles l'alliage domine [de sorte qu'il serait permis de les vendre pour leur genre avec un excédant].

La vente pour des *fels* (monnaies de cuivre) ayant cours est permise, même si on ne les détermine pas [attendu que ce sont des *états* (1) connus et qu'ils sont devenus des prix par l'usage conventionnel. La vente pour ces pièces est donc permise; conséquemment elles constitueront une dette tout comme les deux monnaies, et elles ne seront pas déterminées; elles sont par elles-mêmes déterminées (*ây̆n*), comme le numéraire (*naqd*)].

Si donc le cours en est supprimé [c'est-à-dire si on a acheté quelque chose avec des fels ayant cours et que le cours en soit supprimé] avant la livraison (au vendeur), la même divergence existera que sur la suppression du cours des pièces contenant de l'alliage

(1) *Ahwâl.* El 'Ayny écrit des biens (*amwâl*). Cette dernière leçon me paraît être la bonne.

(*maghchoûch*) [c'est-à-dire que la vente sera nulle, suivant l'imâm, contrairement à l'opinion des deux disciples].

Si on les empruntait [c'est-à-dire les fels] et qu'ils cessassent de passer, on en rendrait de semblables [quand ils ont péri, suivant l'imâm; mais lorsqu'ils subsistent, on rendra les mêmes, d'après le *consentement général*]. Suivant Abou Yousef (on rendra) la valeur [c'est-à-dire la valeur des fels] au jour du prêt de consommation, et, suivant Mohammad, au jour de la suppression du cours. [L'opinion d'Abou Yousef est plus commode pour les *fetwas*, car le jour de la prise de possession est connu sans peine; celle de Moham-mad est plus favorable à l'emprunteur : en effet leur valeur était moindre le jour de la démonétisation].

Il n'est pas permis de vendre en d'autres (pièces) que celles qui ont cours (*nâféqah*), tant qu'on ne les détermine pas, [attendu que ce sont des marchandises (*sal'ah*) et il est absolument nécessaire de les déterminer].

Si quelqu'un achète pour la moitié d'un derham de *fels* ou pour un *dâneq* [sixième du derham] de fels, ou pour un *qirât* [ou demi-dâneq] de fels, la vente sera permise [chez nous (Hanafites), et de même pour un tiers ou un quart de derham], et [l'acheteur] devra ce qui se vend [de *fels*] pour la moitié d'un derham, pour un *dâneq* ou pour un *qirât*.

P. 533 Si quelqu'un remettait au changeur un (gros (1)) derham en lui disant : « Donne-moi pour la moitié de cette pièce des *fels* et pour son (autre) moitié, une demie [c'est-à-dire une (petite (2)) monnaie d'argent égale au poids d'un demi-derham] moins un grain (*habbah*), la vente serait annulable à l'égard du tout [suivant l'imâm]. D'après les deux disciples, [la vente]

(1) *Reudd el mohtâr*, IV, p. 243.
(2) *Reudd el mohtâr*, IV, p. 243.

serait valable à l'égard des *fels* [et nulle à l'égard de ce qui correspond à l'argent].

Mais s'il répétait (les mots) « Donne-moi », elle serait valable à l'égard des *fels*, à l'unanimité, [attendu que par la répétition, il y a eu deux contrats dont le second renferme une usure; mais l'annulabilité de l'une des deux ventes n'entraîne pas nécessairement l'annulabilité de l'autre].

S'il disait: « Donne-moi pour cette monnaie [c'est-à-dire pour le derham] un demi-derham de *fels* et une demie moins un grain, » ce serait valable à l'égard du tout : la demie moins un grain correspondrait à la même (somme) et les *fels* (correspondraient) au restant.

LIVRE DU CAUTIONNEMENT *(Kafâlah)*.

[Le cautionnement] est [dans (le langage de) la Loi] l'adjonction d'une obligation (*demmah*) (1) [c'est-à-dire l'obligation de la caution (*kafîl*)] à une (autre) obligation [c'est-à-dire l'obligation du (débiteur) principal (*asîl*)] en ce qui regarde la poursuite (*motâlabah*) ; [on lit dans le *Manh* : "Le principe est que la caution et le cautionné (*el makfoûl 'anhou*) (deviennent poursuivables pour le créancier (*el makfoûl lahou*) (2), que la chose requise de l'un des deux soit identique à celle requise de l'autre, comme dans le cautionnement pécuniaire (*el kafâlah bé-'l mâl* (3), ou ne le soit pas, comme dans le cautionnement personnel (*el kafàlah bé-'n-nafs*) ; en effet ce qui est requis du débiteur principal, c'est le bien (*mâl*) et, de la caution, c'est la présentation de la personne (*nafs*). Le

(1) Litt. "Conscience".

(2) Les expressions *modda'y* (demandeur), *dâïn* (créancier), *makfoûl lahou* (celui en faveur de qui le cautionnement est donné) et *tâleb* (poursuivant) sont synonymes ; je les traduirai de préférence par le mot créancier.— Celles de *modda'a 'alayh* (défendeur), *madyoûn* (débiteur), *makfoûl 'anhou* (cautionné) et *asîl* (originaire, principal), représentent pour nous le débiteur principal. La personne et la chose cautionnées s'appellent *makfoûl béhé*. Le mot *kafîl* (caution, fidéjusseur) a pour synonymes : *dâmen* (garant), *damîn, hamîl, za'îm, sabîr* et *qabîl*. Voy. le *Reudd el mohtâr*, IV, p. 252.

(3) Le mot *mâl* signifie, en droit musulman, un *bien*, toute espèce de choses *in commercio* ; il me paraît correspondre exactement à la *pecunia* des Romains. Cf. Accarias, *Pr. de dr. rom.*, t. II, p. 344.

mot poursuite, dans sa généralité, réunit les deux. Telle est l'opinion de quelques juristes. Meskin, dans son commentaire du *Kanz*, décide que ce qui est requis des deux est une seule et même chose, savoir la livraison de la personne, par la raison que ce qui est requis, c'est la livraison de la personne ; or la caution s'y est obligée. Sachant cela, il te paraîtra évident qu'il n'était pas nécessaire de dire, comme l'a fait l'auteur des *Dorar* (1) : "En ce qui regarde la poursuite de la personne ou du bien et de la livraison ; car la poursuite comprend (tout) cela." Fin]

Non en ce qui regarde la dette [ainsi que l'ont avancé quelques juristes ; toutefois] c'est [c'est-à-dire la définition d'après laquelle le cautionnement est l'adjonction d'une obligation à une (autre) obligation en ce qui regarde la poursuite est] l'opinion la plus authentique.

P. 534 Il n'est valable que de la part de quiconque est maître de s'obliger à titre gratuit (*tabarro'* (2)) [attendu que c'est *in principio* un contrat à titre gratuit; conséquemment il n'est pas valable de la part de l'esclave, de l'enfant (*saby*) et du fou (*madjnoûn*). Toutefois l'esclave sera poursuivi après l'affranchissement. Ces dispositions concernent la capacité des contractants. Quant aux qualités essentielles (*arkân*) du cautionnement, elles consistent en une offre et une acceptation exprimées au moyen des termes qui vont suivre].

Il est de deux sortes : [cautionnement] de la personne et [cautionnement] du *bien*. Le premier [c'est-à-dire

(1) Monla Meskin. Cf. le *Reudd el mohtâr*, IV, p. 250. Hadji Khal. t. V, p. 251, fait sans doute allusion à ce commentaire du *Kanz*, mais il n'en donne pas le nom.

(2) Ce terme ne me paraît pas bien traduit par feu le Dr Perron: "Droit discrétionnaire d'action". Le *Reudd el mohtâr* (V, p. 315) définit ainsi le *tabarro'* : « L'acquisition de la renommée d'homme de bien dans ce monde et d'une haute récompense (*) dans l'autre. »

(*) Litt. Une position élevée.

le cautionnement de la personne] est contracté par (ces paroles) : "J'ai cautionné (*kafaltou bé*) sa personne (*nafs*) (1), sa nuque (*raqabah*)" ou autre partie (du corps) analogue [à la nuque] en fait de parties dont on se sert [usuellement] pour exprimer le corps [tout entier telles que le tronc (*badan*), le corps (*djasad*), le souffle (*roûh*), la tête (*râs*), le visage (*wadjh*), le cou (*'eunq*), l'œil (*'ayn*), les parties sexuelles (*fardj*), quand il s'agit d'une femme. C'est le contraire pour la main et le pied.] ou une fraction indivise de sa personne, comme "sa moitié, son dixième" [ou son tiers, son quart, etc., car la personne unique, objet du cautionnement, ne saurait être fractionnée ; conséquemment la mention d'une partie indivisément équivaut à la mention de toute la personne] ;

Et [il est contracté] par (ces paroles) : « Je l'ai garanti (*damantouhou*) "] c'est-à-dire en disant : " Je t'ai garanti un tel "] ou " il est à ma charge: (*'alaya*)", ou "à moi (*ilaya*)", [parce que *ilayya* a le même sens que *'alayya*] ou" je suis répondant (*za 'îm*)", [car la caution (*kafîl*) s'appelle répondant (*za 'îm*),] ou "acceptant (*qabîl*) pour lui" [c'est-à-dire pour un tel, le *qabîl* étant le *kafîl* ; c'est pourquoi on appelle *qabâlah* (caution, garantie) le *sakk* (titre, acte authentique), attendu qu'il sert à conserver le droit].

[Il n'est] pas [contracté] par (ces mots) : « Je suis garant (*dâmen*) pour sa connaissance (*ma'réfah*) » [attendu que (la caution) prend ainsi l'obligation de faire connaître (le débiteur) (2) et non (celle) de la poursuite].

Il est valable de prendre deux cautions et plus.

535 Dans ce cautionnement [c'est-à-dire le cautionnement de la personne, la caution] contracte l'obli-

(1) Litt. "âme".

(2) C'est comme si elle disait : "Je te garantis que je te ferai aboucher avec lui" ou "que je te conduirai pour (te faire voir) sa personne ou sa maison". *Reudd el mohtâr*, IV, p. 254.

gation de présenter le débiteur principal (*el makfoûl béhé*), quand le créancier (*el makfoûl lahou*) [c'est celui qui prétend l'exécution de ce à quoi elle s'est obligée] le requiert. Si donc elle ne le présente pas [après la demande, sans qu'il existe une impossibilité], elle sera mise en prison. [C'est-à-dire le juge (*hâkem*) l'emprisonnera à cause de son refus d'exécuter ce qu'elle doit ; toutefois il ne l'emprisonnera pas à la première injonction, afin que sa mauvaise volonté devienne évidente, attendu que (l'emprisonnement) est la punition de l'injustice ; or, (la caution) ne commet pas d'injustice avant de montrer de la mauvaise volonté à s'exécuter. Cela, quand le fidéjusseur avoue avoir cautionné la personne (du débiteur) ; si au contraire il le nie, mais que le fait soit prouvé par témoins, par devant le magistrat, celui-ci l'emprisonnera dès la première fois. (C'est ce qu'on lit) dans le *Dâher er-réwâyah.*]

Si [la caution] a déterminé l'époque de la livraison [du débiteur principal (*el makfoûl béhé*)], elle sera tenue de le livrer à cette époque [c'est-à-dire à l'époque qu'elle a déterminée], lorsque [le créancier (*el makfoûl lahou*)] le requiert [à cette époque ou après, attendu qu'elle s'y est obligée ainsi].

Et si elle le [lui] livre avant [l'arrivée de] cette époque, [la caution] sera libérée, [si même le créancier ne l'accepte pas, attendu qu'elle ne s'est obligée à le livrer qu'une fois et qu'elle l'a amené].

Si le débiteur principal (*el makfoûl béhé*) est absent et que (la caution) connaisse l'endroit où il se trouve, le juge accordera [à la caution] un délai suffisant pour aller et revenir [avec cette restriction que la caution veuille faire le voyage ; mais si elle refuse, il l'emprisonnera sur-le-champ, sans aucun délai]. Le délai est-il passé sans qu'elle l'ait présenté, [quoiqu'il (lui) fût possible de le faire, le juge] la fera mettre en prison.

Si, au contraire, [le débiteur principal] est absent et que (la caution) ne sache pas où il réside, elle ne sera pas poursuivie pour lui [attendu qu'elle se trouve impuissante].

[Le cautionnement de la personne] est annulé par la mort de la caution [par la raison qu'après sa mort la livraison lui est de toute impossibilité,] et [par la mort] du débiteur principal [la livraison étant impossible], celui-ci fût-il un esclave ; mais non par la mort du créancier ; au contraire, son héritier ou son légataire (*wasy* (1)) poursuivra la caution.

[La caution par corps] est libérée, quand elle livre [le débiteur principal au créancier] dans un endroit où il puisse être actionné, [comme dans le cas où elle le livrerait dans une ville (*mesr*), soit que le créancier (*tâleb*) l'accepte ou non,] si même elle n'a pas dit : « Quand je te le remettrai, je serai libérée. »

536 Et [elle est libérée] par la livraison que fait le mandataire ou l'envoyé de la caution [parce que l'un et l'autre le remplacent], ainsi que par la livraison que le débiteur fait de sa propre personne, [le tout] en vertu de son cautionnement. [C'est-à-dire, la caution n'est déchargée qu'autant que le débiteur principal dit : « Je me livre à toi (créancier) en vertu du cautionnement. » Il en est du mandataire et de l'envoyé comme du débiteur principal : ils doivent opérer la livraison en vertu du cautionnement ; sinon, la caution n'est pas libérée. Cela, s'il n'y a pas eu de demande ; mais lorsque c'est après la demande du créancier, il n'est pas mis pour condition de dire : « Je le livre en vertu du cautionnement ».]

S'il a été stipulé que (la caution) livrera le débiteur principal dans la salle d'audience (*medjlès*) du *qâdy*, et qu'elle le livre dans le marché [de la ville], elle sera libérée, disent des juristes [parce que le but peut être atteint avec l'assistance des huissiers du magistrat] ;

(1) *Wasy* désigne également le *tuteur testamentaire* de l'héritier mineur. Sur la comparaison de la *tutoris datio* avec le legs, voy. Accarias, loc. cit., II, p. 273.

mais l'opinion préférée *(el mokhtâr)* de notre temps est qu'elle ne sera pas libérée [que ce soit dans le marché de cette ville ou dans celui d'une autre. Telle est aussi l'opinion de Zofar, et celle qui sert de base aux *fetwas*].

Si elle le livre dans une autre ville, elle ne sera pas libérée, suivant les deux disciples. Elle le sera, suivant l'imâm, [s'il s'y trouve un souverain (*seultân*) ou un qâdy.]

Si elle le livre dans un désert (*barriyeh*) ou dans la campagne (*sawâd*) [c'est-à-dire dans le village qui n'a pas de magistrat], elle ne sera pas libérée, [le but n'étant pas atteint, savoir la possibilité de citation en justice], et de même [elle ne sera pas libérée, si elle le livre] dans la prison, alors qu'un autre que le créancier (*tâleb*) l'a fait incarcérer.

Si un homme s'est rendu caution de la personne du débiteur [qui doit tel bien], avec la condition que, s'il [c'est-à-dire le fidéjusseur] n'amène pas le lendemain [au créancier] celui dont il a répondu, il sera garant (*dâmen*) de ce qu'il doit, et qu'il ne l'amène pas [le lendemain, quoique pouvant le faire], il [c'est-à-dire le fidéjusseur de la personne] sera tenu du [bien] qu'il doit, [à cause de la réalisation de la condition, savoir la non-représentation (du débiteur)], [le débiteur cautionné] mourût-il [avant de se présenter : la caution sera garante du bien, vu que, par la mort du débiteur, il est constant qu'elle ne l'a pas présenté. Si la caution mourait avant la présentation, son héritier serait garant du bien. Et si le créancier mourait, l'héritier de ce dernier exercerait la poursuite].

[La caution] ne sera pas déchargée du cautionnement de la personne [par l'existence du cautionnement pécuniaire dans cette question-ci, attendu qu'il était établi antérieurement à ce dernier et qu'il n'est pas incompatible (avec lui), de même que si on se portait caution des deux].

Si quelqu'un prétend d'un autre cent dînârs qu'il spécifie [c'est-à-dire dont il spécifie la qualité, de telle

manière que l'action *(da'wa)* soit valable, en disant, par exemple, que ce sont des *sultanins* ou des (monnaies) franques], ou sans les spécifier, et qu'un homme
P. 537 cautionne par corps (le débiteur) sous la condition que, s'il n'amène pas celui-ci le lendemain, il devra les cent (dînârs); puis, que le lendemain il ne l'amène pas, (la caution) sera tenue des cent (dînârs), [suivant les deux cheikhs, à cause de la réalisation *(tahqîq)* de la condition,] contrairement à l'opinion de Mohammad.

On ne sera pas contraint [de fournir caution] dans (le cas d') une peine définie (*hadd*) (1) et (d') une retaliation (*qasâs*), [c'est-à-dire, si celui qui réclame (l'application de) la retaliation ou (de) la peine définie pour accusation calomnieuse demandait au qâdy de prendre une caution de la personne du défendeur jusqu'à ce qu'il amène les témoins, le qâdy ne contraindrait pas le défendeur à donner la caution, de même que (pour) les autres peines afflictives (*hodoûd)*, suivant l'imâm, (qui s'est exprimé) en termes généraux].

Mais si [le défendeur] y consent bénévolement [c'est-à-dire s'il voulait faire la bonne œuvre (*tabarra'*) de donner caution sans qu'elle lui fût demandée, dans (le cas de) la peine définie pour accusation calomnieuse et (de) la retaliation], ce sera valable [du consentement général (*idjmâ'*) ; car livrer sa personne est pour lui une obligation au profit du poursuivant ; il (lui) est donc permis de donner la caution qui s'engagera à se livrer à celui-ci].

Les deux disciples disent qu'on y sera contraint dans (le cas de) la retaliation [car le plus souvent elle concerne le droit humain (*haqq el 'abd*] et (de) la peine définie pour accusation calomnieuse (*hadd el qadf)*

(1) La peine afflictive ou définie ou déterminée *(hadd)* est celle qui est invariablement fixée par la loi, applicable dans son intégrité à tout coupable, quel qu'il soit, qui l'a encourue; nul n'a le droit de rien ajouter à cette peine, ni d'en rien retrancher. Cf. Perron, *Précis de jurispr. mus.*, VI, p. 108.

[car elle se rapporte au droit humain. Si (l'accusé) ne peut pas donner (la caution), le qâdy ordonnera au demandeur de le garder à vue, mais il ne le fera pas mettre en prison ; c'est là, d'après les deux disciples, ce qu'on entend, dans ce passage, par la contrainte (*djabr*)].

Si deux personnes honorables (*mastourân*) témoignent contre [le défendeur], dans une peine ou un talion, il sera emprisonné, et de même [il sera mis en prison], si un seul homme de bonne mœurs (*'adl*), [que le qâdy connaît comme pratiquant ses devoirs religieux (*'adâlah*),] témoigne, contrairement à l'opinion des deux disciples dans une relation [c'est-à-dire que, sur cette question, il existe deux relations des deux disciples : dans l'une, il sera emprisonné et ne donnera pas de caution, ainsi que nous l'avons exposé, et dans l'autre relation, il donnera caution et ne sera pas incarcéré, l'accusation calomnieuse ou le talion ne se trouvant pas constatés (ici) par la preuve parfaite].

Le gage et le cautionnement pour le *kharâdj* (l'impôt foncier) sont valables.

Le cautionnement du bien [même si ce bien était] incertain (*madjhoûl*), quand [ce bien] constitue une dette valide (1), est valide moyennant (ces paroles) :
P. 538 « Je me rends caution pour lui [c'est-à-dire "pour un tel] de mille [derhams" ; c'est un exemple de ce qui est certain (*ma'loûm*)], ou " de ce qu'il te doit ", [exemple de ce qui est incertain], ou "Je me rends caution] de ce qui t'atteindra dans cette vente [c'est ce qu'on appelle *damân ed-dark* (ou *darak*) : c'est la garantie (*damân*) du prix, en cas de revendication de la chose vendue, ou la garantie de la chose vendue, si elle est atteinte par un accident fortuit. La chose cautionnée (*el makfoûl béhé*) est incertaine (*madjhoûl*) parce qu'il se peut qu'il y ait revendication du tout ou

(1) *Sahîh*. On appelle ainsi la dette qui ne s'éteint que par le paiement ou la décharge. *Reudd el mohtâr*, IV, p. 263.

d'une partie et par conséquent la caution répondra du tout ou de la partie. On lit dans le *Sérâdj* : « Lorsque la chose vendue est revendiquée, l'acheteur aura le droit d'actionner d'abord le vendeur ; quand ensuite la revendication de la chose vendue est établie à son encontre, il aura le droit de prendre le prix de celui des deux qu'il voudra ; mais il ne pourra actionner la caution de prime abord, suivant le *Dâher er-réwâyah*. D'après Abou Yousef, il aurait cette faculté. Les docteurs sont unanimes à décider que, s'il se révèle que la chose achetée est un homme libre, il aura le droit d'intenter son action contre celui des deux qu'il voudra].

De même [le cautionnement serait valable], si on le subordonnait à une condition opportune [c'est-à-dire adaptée (au cautionnement), de façon à ce que la condition soit une cause de son obligation], telle que la clause stipulant l'obligation du droit, comme par exemple : " Quoi que tu vendes à un tel" [c'est-à-dire "si tu vends quelque chose à un tel, je serai garant du prix", et non: "Quoi que tu achètes, je serai garant de la chose vendue" ; car le cautionnement de la chose vendue n'est pas permis];

Ou "Quoi qu'un tel usurpe de toi", [c'est-à-dire "si un tel usurpe de toi, ce sera à ma charge". C'est encore un exemple de la chose incertaine. On lit dans le *Bahr* : "Si l'on disait : *Si un tel usurpe ta métairie, je suis garant*, ce ne serait pas permis, suivant les deux cheikhs, et ce serait permis, suivant Mohammad; Abou Hanifah et Abou Yousef se fondent sur ce que l'usurpation d'un immeuble est irréalisable, contrairement à l'opinion de Mohammad] ;

Ou "S'il est établi que tu doives quelque chose à un tel [j'en réponds]" ;

Ou "Si la chose est revendiquée, j'en réponds" [c'est-à-dire "je réponds du prix". La revendication de la chose vendue est la condition de l'obligation du droit à la charge (*demmah*) (de la caution), et il est permis de l'y subordonner parce qu'elle s'adapte à la condition] ;

Telle encore que la condition de la possibilité de se faire payer (par le débiteur principal). Exemple : « Si Zayd" , qui est le cautionné (*el makfoûl 'anhou*), "arrive, je réponds de ce qu'il doit" ;

Et telle que l'impossibilité de se faire payer. Exemple : "Si [Zayd", le cautionné,] "s'absente de la ville, [je me constitue débiteur de ce qu'il doit" ; car son absence est la cause de l'impossibilité de se faire payer].

Si l'on subordonnait [le cautionnement] à une condition pure et simple [c'est-à-dire sans aucun rapport (avec lui)], comme le souffle du vent ou l'arrivée de la pluie, [en disant : "Si le vent souffle", ou "Si la pluie vient, je prends à ma charge ce que doit un tel", la condition] serait nulle.

Et de même, si la caution adopte l'un de ces deux événements pour terme [comme dans le cas où elle dirait : "Je suis caution de tant, au souffle du vent" ou "à la venue de la pluie", la fixation du terme est nulle] : le cautionnement sera valable et le bien sera dû [par la caution] immédiatement.

P. 539 Le créancier (*tâleb*) a le droit de poursuivre qui il veut de sa caution ou de son débiteur principal (*asîl*), [s'il le veut, il pourra aussi les poursuivre tous les deux à la fois,] à moins que la libération du débiteur principal n'ait été stipulée, auquel cas ce sera un transport de créance (*hawâlah*), de même que le transport de créance, sous la condition que le transférant ne sera pas libéré, constitue un cautionnement.

Et s'il poursuivait l'un des deux, il aurait le droit de poursuivre l'autre; [contrairement à ce qui a lieu s'il a été victime d'une usurpation, quand il choisit l'un des deux usurpateurs].

Si l'on s'est porté caution de ce que doit quelqu'un et que [le créancier (*tâleb*)] prouve par témoins (que la dette est de) mille, [la caution sera tenue de cette somme [c'est-à-dire des mille ; car ce qui est établi par la preuve testimoniale est comme ce qui est établi *de visu* ('yânan)]. Si [le créancier ne produit pas la preuve testimoniale, la caution sera crue à l'égard de ce qu'elle avouera sous serment, [c'est-à-dire que la déclaration de la caution fera foi à l'égard de ce qu'elle avouera en prêtant en même temps serment qu'elle n'a pas connaissance, sans prêter le serment décisoire (*batât*).

Le débiteur principal (*asîl*) sera cru dans son aveu pour plus [que n'a avoué la caution], exclusivement à sa charge, [non à la charge de la caution, car ce serait un aveu contre autrui. On a mis cette restriction "de ce que doit quelqu'un" attendu que, si le fidéjusseur s'était rendu caution de "ce qu'un tel pourra vous devoir", ou de "ce qui pourra être établi comme dû par lui", et que le débiteur principal (*matloûb*) avouât devoir un bien (quelconque), la caution serait tenue. Quant au cas où le débiteur principal refuserait de prêter serment et où le juge le déclarerait tenu de l'obligation, la caution ne serait pas tenue, car le refus de serment n'est pas un aveu].

Si (le fidéjusseur) s'est rendu caution sans l'ordre du (débiteur) cautionné, le fidéjusseur] n'aura pas de recours contre le débiteur principal pour ce qu'il a payé pour lui [attendu qu'en le payant sans recours, il accomplit une bonne œuvre (*motabarré'*) ; Mâlek professe l'opinion contraire]; si même le cautionné ratifie [le cautionnement, après en avoir eu connaissance; car le cautionnement auquel (le fidéjusseur) s'est obligé et qui a produit son effet contre lui ayant été donné sans ordre n'entraîne pas le recours et par conséquent ne peut se transformer en (contrat) entraînant le recours. Cela, quand (le débiteur principal) ratifie après la séance ; mais s'il ratifie en séance, (le cautionnement) entraînera le recours].

S'il s'est rendu caution par son ordre, il aura son recours [contre le débiteur principal pour ce qu'il a payé en son nom, attendu qu'il a acquitté sa dette par son ordre. Cela veut dire lorsqu'il paye ce dont il s'est porté garant. Mais quand il paye autre chose; lorsque, par exemple, la dette du cautionné consistant en bonnes (monnaies), il a payé des mauvaises ou *vice versâ*, son recours aura lieu pour ce qu'il a garanti, non pour ce qu'il a payé, attendu que, par le payement, il est devenu propriétaire de la créance (*dayn*), et conséquemment il s'est substitué au créancier (*tâleb*). Il en est tout autrement de celui qui a reçu l'ordre d'acquitter une dette : il aura son recours pour ce qu'il a payé. Le sens du mot *ordre* est que les paroles (du débiteur principal) contiennent l'expression "pour moi", comme (au cas) qu'il dise : "Rends-toi caution pour moi" ou "Rends-toi garant pour moi, envers un tel". Si donc il dit : "Garantis les mille que je dois à un tel", (le fidéjusseur) n'aura pas de recours contre lui lors du paiement, parce qu'il se peut que son intention (en payant) soit de recourir ou de chercher l'accomplissement d'une bonne œuvre (*tabarro'*). (Le débiteur principal) ne sera donc pas tenu de (rembourser) la somme. En outre, la première pensée que fait naître le (mot) "ordre" est qu'il s'agit de celui donné par quelqu'un dont l'ordre est valable légalement ; par conséquent, il n'y a pas de recours contre l'enfant et l'esclave interdits, quand leur caution paye pour eux par (leur) ordre, parce que, émané d'eux, il n'est pas valide. Toutefois (la caution) recourra contre l'esclave après son affranchissement; mais, contre l'enfant, elle n'a absolument aucun recours].

[Une caution] ne poursuivra pas [un débiteur principal (*asîl)* pour un bien] avant le paiement [au créancier (*el makfoûl lahou*); car ce qui entraîne (*moudjeb*) la poursuite, c'est la propriété (*tamallok*) ; or la caution ne devient pas propriétaire (de la créance) avant le paiement, tandis qu'elle en devient propriétaire après avoir payé, et par suite a le recours].

Si [la caution] est gardée à vue (*loûzem*) [par le

créancier (*tâleb*)], elle aura le droit de garder à vue (*molâzamah*) [le (débiteur) cautionné, jusqu'à ce qu'il le délivre, avec cette restriction toutefois que le cautionnement ait été donné par son ordre]. Si elle est mise en prison, elle aura le droit de le (faire) mettre en prison, [car ce qui lui arrive, c'est à cause du (débiteur principal) ; elle a donc le droit d'agir avec lui de la même manière. Cela, lorsque la caution n'a pas une dette semblable envers le débiteur principal (*matloûb*); sinon, elle ne pourra ni le garder à vue, ni l'emprisonner].

La caution est libérée par le paiement du débiteur principal (*asîl*), [car la libération du débiteur principal entraîne la sienne, attendu qu'il n'y a pas de dette à sa charge, en réalité, mais seulement la poursuite].

Si le créancier (*tâleb*) décharge le débiteur principal, [qui est le poursuivi (*matloûb*)] ou lui accorde un délai [pour payer sa dette], la caution sera déchargée [dans la première hypothèse] et [sa dette sera retardée à son égard [c'est-à-dire à l'égard du fidéjusseur, également, attendu qu'il ne doit que (1) la poursuite,
P. 540 laquelle est un accessoire de la dette; or la poursuite est éteinte par l'extinction de la dette, et différée lorsque celle-ci jouit d'un délai. Mais il en serait tout autrement si le fidéjusseur s'était rendu caution sous la condition que le débiteur principal (*asîl*) fût libéré *in principio* : alors le débiteur principal sera libéré, à l'exclusion du fidéjusseur. (On lit) dans le *Sérâdj* : « C'est une condition que le débiteur principal accepte la libération : si donc il la refuse, elle sera refusée. Dans ce cas, la dette retournera-t-elle à la charge de la caution? Il y a là-dessus deux opinions. La mort du débiteur principal est assimilée à son acceptation.» (On lit) dans la *Qanyah* : « La libération du débiteur principal n'entraîne celle de la caution que quand elle a lieu en vertu du paiement ou de la décharge (*ibrâ*);

(1) Je traduis comme si l'imprimeur avait omis *ella*.

mais si elle résulte d'un jurement (*half*), elle ne l'entraîne pas].

Si [le créancier (*tâleb*)] décharge la caution ou lui accorde un délai [pour la dette], le débiteur principal (*asīl*) ne sera pas déchargé et ne jouira pas du (bénéfice du) délai [vu que le principe applicable ici est que les choses principales (*osoûl*) ne suivent pas les dérivées (*foroû'*) dans la qualité].

Si (le fidéjusseur) s'est rendu caution à un terme [par exemple d'un mois], d'une dette payable immédiatement, le débiteur principal (*asīl*) profitera également de ce terme.

Si la caution transigeait [avec le créancier (*tâleb*)] sur mille, pour cent, [le débiteur principal (*asīl*) et la caution] seraient tous deux libérés, et la caution recourrait pour les cent [seulement] contre le débiteur principal, si elle a donné son cautionnement par son ordre, [puisque par le paiement elle devient propriétaire de ce qui est dû par le débiteur principal et par conséquent a droit au recours, contrairement à (ce qui se passe pour) la décharge : car, par la décharge, la dette est éteinte ; conséquemment la caution ne devient pas propriétaire de la créance (*dayn*) et par suite elle n'a pas de recours].

Si [la caution] transige avec le créancier (*tâleb*) sur mille, pour un genre différent [comme un vêtement ou autre chose, la caution recourra contre le débiteur principal] pour les mille [entiers ; car cette transaction constitue un échange (*mobâdalah*) et par conséquent les mille correspondent au vêtement. La caution devient propriétaire de ce que doit le débiteur principal ; conséquemment elle recourra contre lui pour le tout].

Si [la caution] transige sur ce qu'entraîne (*moudjeb*) le cautionnement [savoir la poursuite, pour une chose, sous la condition que (le créancier) déchargera la caution exclusivement], elle [c'est-à-dire la caution seulement] sera déchargée, et non le débiteur principal [car décharger la caution de (son) cautionnement, c'est rescinder son cautionnement, mais non éteindre le principe (*asl*) de la dette (1)].

Si le créancier (*tâleb*) dit à la caution par ordre : « Tu es libérée envers moi du bien », la caution aura le recours contre son débiteur principal, [car la libération qui commence du débiteur principal (*matloûb*) et finit au créancier (*tâleb*) ne s'accomplit que par le paiement : conséquemment (la caution) aura le recours. C'est, en effet, comme si le créancier avouait qu'il a pris d'elle possession (de la chose due) et qu'elle (la) lui a remise ; d'où suit la libération du débiteur principal (*matloûb*) envers le créancier], à cause de cet aveu (du créancier), comme (celle de) la caution.

De même [la caution recourra contre son débiteur principal] dans [le cas où le créancier dit à la caution]: « Tu es libérée », [sans (ajouter) : « Envers moi »,] suivant Abou Yousef, contrairement à l'opinion de Mohammad.

Dans [le cas où le créancier dit à la caution]: « Je te décharge », elle n'aura pas de recours [contre le débiteur principal. Suivant quelques-uns, tout ce que nous avons mentionné s'applique à l'hypothèse où le créancier est absent].

Si le créancier est présent, on aura recours à lui pour s'expliquer sur le tout.

Il n'est pas valable de subordonner la libération du cautionnement [pécuniaire] à une condition [telle, par exemple, que « Quand viendra demain, tu seras libéré du cautionnement pécuniaire ». Le lendemain étant arrivé, la caution n'en sera pas libérée, vu que cette condition est nulle, mais son cautionnement est permis], de même que les autres libérations, [car dans la décharge se trouve le sens du transfert de propriété ; or, les transferts de propriété n'admettent pas la subordination à une condition, parce que cela constituerait un jeu de hasard (*qomâr*)].

(1) C'est-à-dire la dette principale.

Néanmoins l'opinion préférée est la validité.

P. 541 Le cautionnement de ce dont l'accomplissement est impossible [légalement] de la part de la caution, comme les peines déterminées (*hodoûd*) et la retaliation (*qasâs*), n'est pas permis [absolument, du consentement général, à cause de l'impossibilité de les rendre obligatoires pour celui qui se rend caution, parce qu'on ne peut pas se faire remplacer par un autre pour (subir) un châtiment, contrairement à (ce qui a lieu pour) le cautionnement de la personne de celui qui a encouru la peine ou la retaliation, ainsi qu'on l'a vu plus haut].

N'est pas permis [le cautionnement] des corps certains (*a'yân*) garantis par d'autres (choses), tels que la chose vendue, [dans la vente valide d'une chose déterminée, avant la prise de possession], et de la chose remise en gage, [après la prise de possession];

Ni des (différentes espèces de) dépôts (*amanât*), comme le dépôt simple (*wadî'ah*), la chose empruntée à usage (*mosta'âr*), la chose prise à louage (*mosta'djar*) et le capital (*mâl*) de la commandite et de la société, [car une condition pour la validité du cautionnement est que la chose dont on se porte caution (*el makfoûl béhé*) soit garantie à la charge du débiteur principal (*asîl*), de telle manière que celui-ci ne puisse s'affranchir (de cette garantie) que par la remise de la chose elle-même ou de son équivalent (*badal*), afin que le sens de l'adjonction (*damm*) se réalise : alors la caution y sera obligée. Or la chose vendue n'est point, avant la prise de possession, garantie par elle-même ; elle est garantie seulement par le prix. N'est-ce pas, en effet, que, si elle périssait, (l'acheteur) ne devrait rien, et qu'au contraire la vente serait rescindée ? Il en est de même du gage : il n'est pas garanti par lui-même et, quand il périt, la dette (qu'il représentait) s'éteint. Il n'est donc pas possible d'obliger la caution à la garantie, alors que celle-ci n'est pas due par le débiteur principal (*asîl*). La même chose se passe pour les (différentes espèces de) dépôts : puisqu'ils ne sont pas garantis à la charge du débiteur principal (*asîl*), ni déterminément (*'aynhâ*), ni en tant que livraison, il n'est pas possible d'en mettre la garantie à la charge de la caution. Donc leur cautionnement n'est pas valable] ;

Ni d'une dette non valide, comme la contre-valeur (*badal*) de l'affranchissement contractuel, [attendu qu'elle est susceptible de cesser (d'être exécutoire) (*zawâl*) (1), et conséquemment ce n'est pas une dette valide (*sahîh*)], que celui qui s'est rendu caution [de la dette] soit un homme libre ou un esclave ; — et de même la contre-valeur (*badal*) de la *sé' âyah* (2), suivant l'imâm, [car il assimile le *mostas'y* à l'esclave contractuel (*mokâteb*) : conséquemment le cautionnement de la contre-valeur de la *sé' âyah* n'est pas valable. Suivant les deux disciples, il est valable, car le *mostas'y* est à leurs yeux un homme libre endetté] ;

Ni du transport (*haml*) sur une bête de somme déterminée prise à louage pour être chargée, ou des services (*khedmah*) d'un esclave déterminé [loué pour servir, (et cela) à cause de l'impuissance de la caution à livrer le transport sur une bête déterminée, attendu qu'elle est la propriété d'autrui, et s'il chargeait une autre bête, le salaire ne serait pas dû, vu que si le loueur chargeait sur une bête autre que celle déterminée, il n'aurait pas droit au salaire. L'impuissance est donc établie dans cette hypothèse par l'absolue nécessité, et il en est de même de l'esclave (loué) pour servir. Le contraire a lieu pour la (bête) non détermi-

(1) L'esclave contractuel pouvant ne pas être en état de payer la valeur désignée dans le contrat et retombant alors dans la condition de l'esclave complet.

(2) Cette expression signifie que l'esclave a été affranchi partiellement et qu'il a reçu l'autorisation de travailler (*sa'y*) pour payer le solde de son rachat. Cet esclave s'appelle *mostas'y* et le contrat passé entre son maître et lui porte le nom de *sé'âyah*. Cf. le *Reudd el mohtâr*, IV, p. 263.

née, parce qu'il n'y a pas impossibilité de livrer le transport, la caution pouvant charger sur quelque bête que ce soit ; en effet ce qui est dû, c'est le transport, non autre chose, et le but qu'on se propose, c'est le salaire] ;

Ni pour un (homme) mort insolvable, c'est-à-dire, quand quelqu'un qui a des dettes meurt sans rien laisser et qu'un homme se porte caution pour lui envers les créanciers, (le cautionnement) n'est pas valable, suivant l'imâm, attendu qu'il se porte caution d'une dette éteinte, par rapport aux règles de ce monde, par l'absolue nécessité, puisqu'il n'a laissé ni bien, ni caution qui en réponde. Or le cautionnement de la (dette) éteinte n'est pas permis. Et quand on dit qu'il est permis d'en faire l'objet d'une bonne œuvre (*tabarro'*), cela s'entend du cas où la dette demeure (exigible) pour le créancier],— contrairement à l'opinion des deux disciples ; [suivant eux, en effet, le cautionnement est permis, car la dette une fois établie du vivant du débiteur ne s'éteint que par le paiement ou par la décharge. Or il n'y a eu ni l'un ni l'autre : conséquemment elle reste à sa charge, et de cette manière il sera poursuivi pour cette dette dans l'autre monde, de sorte que si quelqu'un fait la bonne œuvre de l'acquitter, cela est permis] ;

Ni sans l'acceptation du créancier (*tâleb*) en séance [c'est-à-dire dans la séance du contrat de cautionnement, qu'il s'agisse d'un cautionnement personnel ou pécuniaire, suivant Abou-Hanîfah et Mohammad]. Abou Yousef dit que (le cautionnement) est permis malgré son absence [c'est-à-dire l'absence du créancier], lorsqu'il en est informé et qu'il ratifie [comme (pour) toutes les dispositions du *fodoûly*. Dans quelques copies du *Mabsoût* (on trouve ces mots) : « La ratification n'est pas une condition (essentielle)»].

P. 542 Si le malade dit à son héritier : « Porte-toi caution pour moi de ce que je dois » et que [l'héritier] se rende caution, quoique les créanciers (*ghoramâ*) soient absents, cela est permis à l'unanimité (*ettéfâqan*), [bien que la déduction analogique (*qiâs*) veuille que ce ne soit pas permis, car le créancier est absent et la garantie (*damân*) n'est parfaite que par son acceptation. Le motif de l'interprétation bienveillante (*estehsân*) est que c'est là en réalité une disposition testamentaire (*wasiyah*), et c'est pourquoi (le cautionnement) est valable, quoique ceux en faveur de qui il est donné ne soient pas nommés].

Si [le malade] a adressé [ces paroles] à une tierce personne (*adjnaby*), il y a divergence entre les cheikhs [sur la question de savoir si (le cautionnement) est permis ou non].

[Le cautionnement] des corps certains (*a'yân*) garantis par eux-mêmes est permis [chez nous, contrairement à une opinion d'Ech-Châfé'y]; tels sont : la chose dont il a été pris possession sur l'offre de l'achat, la chose usurpée et la chose vendue [par vente] annulable.

[Est également permis le cautionnement] de la livraison de la chose vendue, à l'acheteur ; de la chose remise en gage, au débiteur qui l'a engagée ; et de la chose prise à louage, au locataire ; [car la livraison de la chose même (*'ayn*) est obligatoire pour le débiteur principal (*asîl*). Il est donc possible de s'obliger à (ce cautionnement), qui devient ainsi analogue au cautionnement de la personne, attendu que, tant que (la chose) subsiste, le fidéjusseur est obligé de la livrer, et, quand elle périt, il est déchargé].

Et [est également permis le cautionnement] du prix, [par la raison que le prix constitue une dette valide garantie à la charge de l'acquéreur, comme les autres dettes].

SECTION.

Si le débiteur principal (*asîl*) remettait le bien (*mâl*) à sa caution [pour le remettre au créancier (*tâleb*)], avant le paiement du créancier par la caution, [le débiteur principal] ne répèterait pas d'elle [le bien payé, attendu que le droit de celui qui a pris possession s'y est attaché, parce qu'il se peut que (la caution) ait acquitté la dette. Or la poursuite n'est pas permise tant que cette possibilité subsiste. C'est comme quelqu'un qui a fait l'avance de sa *zakâh* (dîme aumônière) et l'a remise au collecteur. Cette possibilité ne disparaît qu'autant que le débiteur principal (*asîl*) a payé lui-même. Lorsqu'il a payé lui-même, il répètera de la caution ce qu'elle a reçu. Un autre motif encore, c'est que la prise de possession lui en a transféré la propriété].

P. 543 Ce qu'y a gagné la caution lui est légitimement acquis, [c'est-à-dire à la caution. Cela signifie que le gain (*rabh*) que ce bien a procuré par suite de l'emploi (*mo'âmalah*) qu'en a fait la caution est légitime pour elle] et elle n'en fera pas l'aumône.

Mais le restituer [c'est-à-dire restituer le bénéfice] au débiteur principal (*matloûb*) est plus louable (*ahabb*), si ce qui a été remis consiste en une chose qui se détermine, comme le blé, [c'est-à-dire quand le cautionnement ayant eu pour objet un *keurr* de blé, la caution en a pris possession (des mains) du (débiteur) cautionné (*el makfoûl 'anhou*), l'a vendu et y a fait un bénéfice, ce bénéfice appartient à la caution ; toutefois il est louable pour elle (*yostahabb*) de le restituer au cautionné ; mais il n'y sera pas contraint, suivant l'imâm, dans la relation du *Djâmé' es-saghîr*. Cela, lorsque le débiteur principal (*asîl*) a acquitté la dette], contrairement à l'opinion des deux disciples. [Ceux-ci professent que le gain lui appartient et qu'elle ne le restituera pas. C'est une relation d'après l'imâm ; d'après lui aussi, elle devra en faire l'aumône. (L'auteur) a mis la restriction « si c'est une chose qui se détermine », car (en ce qui concerne) le gain donné par ce qui ne se détermine pas, il n'est pas (regardé comme) plus louable de le restituer au débiteur principal (*matloûb*). Mais est-il légitimement acquis à celui-ci, quand la caution le lui restitue ? On lit dans la *Ghâyah* : « Si le débiteur principal est pauvre, il lui sera légitimement acquis. Est-il riche ? Il y a deux relations. Le plus vraisemblable est qu'il lui soit légitimement acquis, attendu que (la caution) ne le lui restitue que parce qu'il y a droit].

Si le débiteur principal (*asîl*) ordonnait à sa caution de faire pour lui la *'înah* (1) [c'est-à-dire de faire l'achat par *'înah*] d'une pièce d'étoffe et que la caution (la) fît, la pièce d'étoffe appartiendrait à la caution et le gain [réalisé par le vendeur] serait à sa charge [c'est-à-dire à la charge de la caution, et non de celui qui a donné l'ordre. Voici l'exposé du cas : Le débiteur principal (*asîl*) a ordonné à la caution de lui acheter une pièce d'étoffe à un prix supérieur à la valeur, afin d'acquitter sa dette avec (cette étoffe), en recourant à la voie de la *'înah*. La caution demande à un commerçant de lui faire un prêt de consommation de dix (derhams). Le commerçant s'y refuse et lui vend une pièce d'étoffe valant dix, à raison de quinze, par exemple, à terme, pour qu'il y ait un surplus, afin que l'emprunteur la vende à dix et se charge de cinq. On a donné à cette (opération) le nom (de *'înah*) à cause du procédé employé et consistant à laisser de côté la dette pour le corps certain (*'ayn*) ; elle est réprouvée (*makroûh*) en ce qu'on refuse de faire un prêt de con-

(1) *Ta'ayyana*, V^e forme. Le *Qâmoûs* ne donne que *'ayyana*, IIe forme ; ce verbe signifie "en parlant d'un commerçant *vendre sa marchandise à un prix payable à terme et la racheter ensuite de l'acquéreur à un prix inférieur au premier*".

sommation (*iqrâd*), ce qui est une bonne action, pour satisfaire l'avarice qui attire le blâme.

Si quelqu'un se rend caution en faveur d'un autre de ce qui lui sera dû (*dâb*) par son débiteur (*gharîm*), ou de ce que celui-ci sera condamné à lui payer et que, le débiteur s'étant absenté, le créancier (*tâleb*) prouve par témoins (*barhan*] contre la caution qu'il lui est dû par le débiteur mille, [sa preuve testimoniale (*beurhân*) contre la caution] ne sera pas admise [jusqu'à ce que le (débiteur) cautionné (*el makfoûl 'anhou*) se présente et soit condamné].

P. 544 Si [le créancier (*tâleb*) prouvait qu'il lui est dû par Zayd [absent] mille et (qu'il ajoutât) : “ Cet homme est la caution [de cette somme (*mâl*)] par ordre”, tous les deux [c'est-à-dire la caution et le débiteur principal (*asîl*)] seraient condamnés à les payer.

Si (la caution s'était engagée) sans l'ordre du débiteur principal, elle serait condamnée seule [et le débiteur ne le serait pas. Par suite, la caution n'aurait pas de recours contre le débiteur principal, contrairement au (cas du) cautionnement par son ordre, car alors la caution a le droit de recourir contre lui après avoir payé la somme].

Le *damân ed-dark* (1) (donné) à l'acheteur lors de la vente constitue un acquiescement (*taslîm*) [c'est-à-dire une adhésion (*tasdîq*) de la part de la caution comme quoi la chose vendue est la propriété du vendeur]; il rend nulle la réclamation (*da'wa*) que, dans la suite, le garant (*dâmen*) élèverait [contre l'acheteur] sur la chose vendue, [car cette garantie est une excitation pour l'acheteur à acheter et l'excitation équivaut à l'aveu de la propriété du vendeur; conséquemment, la réclamation que la caution élèverait ensuite dans le but d'établir qu'elle est elle-même propriétaire de la chose ne serait pas valable, à cause de la contradic-

(1) Voir ci-devant, p. 538 du texte.

tion (*tanâqod*), de sorte qu'on n'écoutera pas une demande de préemption de sa part. En admettant même la validité de sa réclamation, l'acquéreur aurait recours contre elle en vertu du cautionnement, et par conséquent cela ne lui servirait à rien].

De même [ce serait un aquiescement et, après cela, sa réclamation ne serait pas valable], si elle écrivait son témoignage [à la vente] et apposait son cachet, [conformément à l'habitude des premiers temps de l'islamisme], sur un acte authentique (*sakk*) où il aurait été écrit : " (un tel) a vendu sa propriété" ou " [un tel a vendu] par vente définitive, [exécutoire", vu que la vente dans cette forme n'a lieu qu'à l'égard de la propriété du vendeur. Or la réclamation pour soi-même, après l'aveu au profit d'autrui, constitue une contradiction et, conséquemment, elle ne sera pas écoutée]. Ce serait le contraire s'il avait écrit [son témoignage] au bas de l'aveu des deux contractants.

La garantie (*damân*) du prix donnée au mandant par le mandataire à la vente est nulle, [c'est-à-dire si un homme vend à un autre une pièce d'étoffe par l'ordre du mandant; puis, qu'il garantisse le prix au mandant au nom de l'acheteur, ce n'est pas valable].

De même [est nulle] la garantie du prix donnée au commanditaire par le commandité. Et [de même est nulle] la garantie fournie par l'un des deux associés de la part de son co-associé sur le prix de ce qu'ils ont vendu tous deux en un seul marché.

P. 545 [La garantie de l'un des deux associés] serait valable s'il y avait eu deux marchés.

Sont valables : la garantie du *dark* [attendu que c'est la garantie du prix dans le cas que la revendication ait lieu. C'est en effet une chose entendue entre les gens et conséquemment l'objet garanti est certain (*ma'loûm*) et (la caution) a le pouvoir d'accomplir ce à quoi elle s'est obligée. (Cette garantie) est donc valable] ;

[La garantie] du *kharâdj* (l'impôt foncier), [par la raison donnée précédemment, savoir que c'est une dette poursuivie de la part des créatures, contrairement à la *zakâh* (dîme aumônière). On lit dans le *Bahr*: " (L'auteur) s'étant exprimé en termes généraux, ce mot embrasse le *kharâdj mowaddaf* (1) et le *kharâdj el moqâsamah* (2). Quelques-uns l'appliquent exclusivement au *mowaddaf*, qui est une dette exigible, et excluent la garantie pour le *kharâdj el moqâsamah*, attendu qu'il ne constitue pas une dette exigible];

Et [la garantie] de la *qesmah*. [Quelques-uns disent que cette expression s'applique aux *nawâïb* mêmes ou à une catégorie particulière de celles-ci. Or, d'après cela, les *nawâïb*, dont il est fait mention ci-après, seraient une superfétation (*estedrâk*). Suivant d'autres, elle désigne la redevance fixe établie par le gouvernement pour chaque mois ou chaque année, tandis que les *nawâïb*, qui figurent dans le paragraphe suivant, ne sont pas établies d'une manière fixe, mais seulement temporaire, et il se peut qu'elles soient décrétées ou qu'elles ne le soient pas. Suivant d'autres encore, la *qesmah* serait le salaire du répartiteur. Au dire de quelques-uns, ce terme signifie que le moment du partage entre deux associés étant venu et l'un d'eux se refusant à le faire, l'autre y procèderait].

Il en est de même de la garantie des *nawâïb* (3), [Dans le langage technique (des jurisconsultes) on entend, dit-on, par là les taxes justes et, suivant d'autres, celles qui ne le sont pas. L'auteur dit à ce propos] : qu'elles soient justes, comme le curage d'un canal [commun] et le salaire du gardien (*hârès*), [ainsi que l'impôt établi pour l'expédition de l'armée et le rachat

(1) Autrement appelé *wadîfah*. C'est celui qui n'est dû qu'une fois par an ; il pèse sur la terre et non sur la récolte.

(2) *Proportionnel*, c'est-à-dire qui suit les chances de la récolte elle-même ; il se renouvelle à chaque récolte dans la même année ; mais si la récolte manque, il n'est pas perçu. Il n'est donc pas toujours *exigible*.

(3) Cf. le *Dictionary of techn. terms*, p. 1273.

des prisonniers. En effet le cautionnement de ces taxes est permis à l'unanimité attendu qu'on se porte caution d'une chose dont le débiteur principal (*asîl*) répond], ou qu'elles ne soient pas justes, comme les taxes (*djébâyât*) [qui existent à notre époque et que des (gouverneurs) oppresseurs mettent injustement. Il y a divergence entre les cheiks sur la question de savoir si (le cautionnement) est permis à l'égard de ces impositions].

La garantie de la *'ohdah* (1) est nulle [à cause de la signification ambiguë de cette expression : elle s'applique en effet, employée absolument, au titre (*sakk*) ancien, au contrat, aux droits de celui-ci et à l'option de condition. Il est donc impossible d'en faire usage avant d'expliquer (ce qu'on entend par ce mot) et conséquemment (le cautionnement) est nul pour ignorance].

De même la garantie de la délivrance (*damân el khalâs*) [est nulle, suivant l'imâm], contrairement à l'opinion des deux disciples, [c'est-à-dire, ils professent qu'elle est valide, s'appuyant sur l'interprétation de ce terme (*khalâs*) d'après laquelle il signifierait la délivrance (*takhlîs*) de la chose vendue, si elle est possible, et la restitution du prix, si elle ne l'est pas, sens qui est le même que le *damân ed dark*. L'imâm, au contraire, l'interprète par "la délivrance de la chose vendue", sur laquelle (la caution) n'a aucune espèce de

(1) Sadr ech-Châhid (Beurhân el aïmmah 'Omar ebn 'Abd el 'Aziz ebn Mâzeh, vulgò El Hosâm, mort a. 536) et autres disent que les termes *dark*, *khalâs* et *'ohdah* ont une même signification chez Abou Yousef et Mohammad, à savoir le recours pour le prix en cas de revendication. Chez Abou Hanifah, c'est là la définition du *dark*. La définition du *khalâs* est celle-ci : délivrance de la chose vendue et sa livraison à l'acheteur en tout état de choses. Quant au mot *'ohdah*, il a, employé absolument, diverses significations : ancien titre (*sakk*), contrat, droits du contrat, *dark* et option de condition. Ainsi lit-on dans les *Fetwas* d'Ibrâhîm Châhy, au Livre des Ventes.— *Dictionary of techn. terms*, p. 483.

pouvoir, le revendicateur ne l'en laissant pas maître. Mais si on garantissait la chose vendue ou la restitution du prix, ce serait valable, à cause de la possibilité (pour la caution) d'accomplir son engagement, c'est-à-dire la livraison (de la chose), si le revendicateur ratifie, ou la restitution (du prix), s'il ne ratifie pas. La divergence consiste dans l'interprétation, ainsi qu'on le lit dans le *Bahr*, et c'est une divergence de mots (*lafdy*)].

Si la caution disait : " Je l'ai garanti à un mois " et que le créancier (*tâleb*) répliquât : " mais non, [tu l'as garanti] sans aucun délai", la déclaration de la caution ferait foi et, dans (le cas d') aveu [c'est-à-dire dans l'hypothèse où quelqu'un dirait à un autre : " Je dois cent [payables] à un mois", et que celui en faveur de qui l'aveu est fait répliquât : " Ils sont payables immédiatement]", la déclaration de celui en faveur de qui l'aveu est exprimé ferait foi. [La différence consiste en ce que l'aveu de la caution ne portait pas sur la dette, et en effet il n'y a pas de dette à sa charge en réalité. Au contraire, elle a avoué purement et simplement (qu'elle s'était soumise à) la poursuite après le mois. Or le (créancier) poursuivant prétend contre elle la poursuite immédiate, tandis qu'elle nie. Par conséquent sa déclaration fera foi. Par contre, celui qui a avoué a avoué la dette ; puis, il a prétendu un droit en sa faveur, savoir le délai de la poursuite à un mois. Sa déclaration ne sera donc pas admise sans preuve testimoniale.]

Le garant du *dark* ne sera pas attaqué (1), si la
P. 546 chose vendue est revendiquée, tant que le vendeur n'est pas condamné au (remboursement du) prix, [car la vente n'est pas rompue par le simple fait de la revendication, suivant le *Dâher er-réwâyah*, tant que le vendeur n'est pas condamné au (remboursement du)

(1) Litt. "pris".

prix. Conséquemment le débiteur principal (*asîl*) n'étant pas obligé de rendre le prix, la caution n'y est pas obligée non plus. D'après Abou Yousef, dont l'opinion est partagée par les trois imâms, la caution aura son recours par le seul fait du jugement qui prononce (le bien fondé de) la revendication.

CHAPITRE

DU CAUTIONNEMENT DES DEUX HOMMES ET DES DEUX ESCLAVES.

Une dette a été contractée par deux [individus envers un autre pour avoir acheté de celui-ci une pièce d'étoffe] et chacun [des deux] s'est rendu caution pour son coacheteur, [le contrat est permis, en l'absence de l'empêchement, vu que chacun des deux sera débiteur principal (*asîl*) pour une moitié et caution pour l'autre moitié] : l'un des deux payant [sa moitié de la dette] n'aura pas de recours [pour ce qu'il a payé] contre l'autre [c'est-à-dire contre son coacheteur, quand bien même il aura spécifié (*'ayyan*) que c'est pour la part de son coacheteur ; car le fait de payer ce qu'il devait à titre de débiteur principal passe avant celui de payer à titre de caution, vu que la première (obligation) consiste en une dette avec la poursuite, et la seconde, en une poursuite seulement, et attendu que si (le paiement) avait eu lieu pour la moitié au nom de son coacheteur, celui-ci aurait le droit de recourir contre lui en le considérant comme ayant payé pour lui. Car celui qui paye pour un autre est le représentant (*nâïb*) de celui-ci et le paiement fait par son représentant équivaut à celui fait par lui-même. Ce qui conduirait à un cercle vicieux]; si ce n'est quand cela dépasse la moitié, [car alors le paiement est présumé avoir été opéré pour ce qu'il devait à titre de caution et conséquemment il recourra contre son coacheteur, s'il s'est rendu caution par son ordre].

Si [les deux] s'étaient rendus [successivement] caution d'un *bien* pour un homme et que chacun d'eux se fût rendu caution de [la totalité de] ce bien pour son cofidéjusseur, [c'est-à-dire, quand un homme doit mille derhams, par exemple, et que deux (individus) se rendent séparément caution pour lui de toute la somme; puis, que chacun des deux se porte caution pour son cofidéjusseur de ce à quoi celui-ci s'est obligé par le cautionnement, vu que le cautionnement de la caution est permis, chacun d'eux] recourra pour la moitié de ce qu'il a payé contre son cofidéjusseur, [que ce qu'il a payé soit peu ou beaucoup, vu que, le tout étant un cautionnement, aucun des deux cautionnements ne prime l'autre pour la poursuite]. Ensuite les deux (cofidéjusseurs) recourront contre le débiteur principal (*aṣîl*), ou bien (celui qui a payé) recourra, [lui,] pour tout [ce qu'il a payé] contre le débiteur principal, [en premier lieu,] si [il s'était porté caution] par son ordre, [quand chacun des deux s'est rendu caution du tout].

Si le créancier (*tâleb*) déchargeait l'un des deux, il [le créancier] aurait le droit d'attaquer (*akhd*) l'autre [caution] pour toute la somme.

Si une société discrétionnaire (*mofâwadah*) était dissoute, [c'est-à-dire, si l'un des deux associés discrétionnaires (*mofâwed*) avait acheté une chose et qu'ensuite la société fût dissoute, le créancier (*rabb ed-dayn*) aurait le droit d'attaquer celui qu'il voudrait des deux associés [de la *mofâwadah*] pour toute sa dette, [car le cautionnement se trouve établi par le contrat de société discrétionnaire : il ne peut donc être annulé par la séparation. (L'auteur) a mis pour restriction la *mofâwadah*, parce que l'associé dans une société restrictive (*'énân*) n'est pas attaqué à la place de son coassocié, attendu qu'elle n'implique pas le cautionnement, mais au contraire le mandat (*wékâlah*) ainsi qu'on l'a vu dans (le Livre de) la société (*cherkah*)];

Et quoi que l'un des deux ait payé, il n'aura pas de recours [contre l'autre pour ce qu'il a payé], tant que le montant ne dépasse pas la moitié.

Lorsque deux esclaves sont affranchis contractuellement par un seul contrat, [le maître disant : « Je vous affranchis contractuellement tous les deux à raison de mille », et eux deux acceptant,] et que chacun [des deux esclaves] se rend caution pour son camarade, [le contrat et valable et] chacun deux a son recours contre l'autre pour la moitié de ce qu'il aura payé. [La déduction analogique (*qiâs*) voudrait que ce ne fût pas valable, car il y a là et le cautionnement de l'affranchi contractuel et le cautionnement de la contre-valeur (*badal*) de cet affranchissement. Or chacun d'eux isolément est nul, à plus forte raison (sont-ils nuls) quand ils se trouvent réunis].

547 Si le maître affranchit définitivement l'un d'eux [c'est-à-dire l'un des deux affranchis contractuels, dans l'hypothèse où il les a affranchis contractuellement et où il a stipulé le cautionnement de chacun des deux pour son camarade, (et cela) avant le payement], son affranchissement définitif est valable. [Le maître] aura le droit de prendre la part de l'autre de lui [c'est-à-dire de l'autre], comme étant débiteur principal (*isâlatan*), ou de l'affranchi définitif (*mo'taq*), comme étant caution, et l'affranchi définitif recourra seulement pour ce qu'il a payé contre son camarade ; [c'est-à-dire, si le maître a pris la part de l'autre de l'affranchi définitif, l'affranchi définitif recourra pour ce qu'il paiera contre l'autre, attendu qu'il paye pour lui par son ordre. Si (le maître) s'adresse à l'autre, ce

dernier ne recourra pour rien contre l'affranchi définitif, attendu qu'il aura payé pour lui même].

Si un esclave devait un bien (*mâl*) exigible seulement après son affranchissement, [cette dette n'étant pas exigible du maître, mais au contraire de l'esclave après son affranchissement, comme un bien dont il serait tenu en vertu d'un aveu, d'un emprunt de consommation ou de la destruction d'un dépôt (*wadi'ah*),] et qu'un homme s'en rendit caution par un cautionnement donné sans aucune restriction [d'échéance immédiate ou de terme], la caution serait tenue immédiatement. Et quand [la caution] aura payé [ce que doit l'esclave] elle ne recourra contre l'esclave qu'après son affranchissiment, [s'il l'a fait par son ordre; car le créancier (*tâleb*) aurait recouru contre lui après l'affranchissement ; il en est donc de même de la caution, attendu qu'elle tient le lieu et place (du créancier)].

Si, quelqu'un prétendant la propriété (*raqabah*) d'un esclave, un homme cautionnait celui-ci et qu'ensuite l'esclave [dont la propriété fait l'objet du cautionnement] étant mort [avant la livraison au demandeur (*modda'y*)], le demandeur prouvât [par témoins] que [l'esclave] était à lui [c'est-à-dire qu'il était sa proprité (*meulk*)], le fidéjusseur serait responsable (*daman*) de sa valeur [c'est-à-dire de la valeur de l'esclave, attendu qu'il s'est rendu caution, au nom du détenteur (*dou'l yad*), de la livraison de la propriété (*raqabah*) de l'esclave ; car le demandeur prétend l'usurpation de l'esclave contre le détenteur. Or le cautionnement des corps certains (*a'yân*) garantis par eux-mêmes est permis. La caution sera donc tenue de rendre le corps certain (*âyn*) et par conséquent, s'il a péri, elle en devra la valeur].

Si un maître se portait caution pour son esclave, par son ordre, ou [si] un esclave non endetté [cette rectriction a pour but de rendre le cautionnement valide. En effet, le cautionnement donné pour son maître par l'esclave endetté n'est pas valable, attendu qu'il renferme l'annulation du droit des créanciers (*ghoramâ*).] se portait caution pour son maitre [par son ordre]; puis, que [l'esclave] fût affranchi définitivement, quel que fût celui [du maître ou de l'esclave] qui eût payé [la chose (*mâl*) dont il s'est rendu caution], il n'aurait pas de recours contre l'autre.

LIVRE DU TRANSPORT DE CRÉANCE
(Hawâlah) (1)

P. 548 [Dans le langage technique des jurisconsultes, le transport de créance] est la translation (*naql*) de la dette (*dayn*) d'une obligation (*demmah*) (2) à une (autre) obligation (*demmah*) [c'est-à-dire de la *demmah* du transférant (*mouhîl*) à la *demmah* de celui sur qui le transport est fait (*mohtâl 'alayh*). Les Cheikhs (*Machâïkh*) sont en désacord sur la question de savoir s'il entraîne la libération de la dette et de la poursuite tout à la fois ou la libération de la poursuite à l'exclusion (de celle) de la dette. L'exactitude (*es-sahîh*) est, d'après le *madhab* (3), qu'il entraîne la libération de la dette, comme (on le lit) dans le *Manh*.

[Le transport de créance] est valable à l'égard de la dette (*dayn*), non à l'égard de la chose corporelle (*'ayn*), moyennant le consentement (*réda*) du cessionnaire (*mohtâl*) — [car la créance (*dayn*) est son droit,

(1) D'après le *Reudd el mohtâr*, IV, p. 289, le débiteur *madyoûn* s'appelle *mouhîl;* le créancier *(dâïn)* s'appelle *mohtâl, mohtâl lahou, mohâl, mohâl lahou* et *hawîl*; celui qui accepte le transport reçoit les noms de *mohtâl 'alayh* et de *mohâl 'alayh*, et la chose (constituant la créance ou *dayn*) se nomme *mohâl béhé*. Le commentateur du *Moultaqa* dit que le débiteur s'appelle *mouhîl* et *mohtâl*, mais que, dans la pratique, on a abandonné *mohtâl* pour *mouhîl*.

(2) Litt. "Conscience".

(3) Cette expression est sans doute une abréviation de *Dâher el madhab*, synonyme de *Dâher er-réwâyah*.

et les solvabilités *(démam)* (1) sont différentes les unes des autres ; son consentement est aussi indispensable, parce que les gens ne sont pas également exacts à s'acquitter. Ce (point est admis) d'après l'opinion unanime des compagnons de Mahomet *(idjmâ')*] — et de celui sur qui le transport est fait [car il sera tenu de la dette, il faut donc nécessairement qu'il s'oblige. (L'auteur) met la restriction du consentement du cessionnaire et du délégué, parce que le transport de créance n'est pas valable quand l'un des deux agit par contrainte. Il entend par consentement l'acceptation dans la séance de l'offre *(idjâb)*. Toutefois (on lit) dans la *Bazzâziyah* : « Si (le transférant) faisait le transport sur un absent et que celui-ci acceptât après en avoir eu connaissance, le transport serait valable. Mais il ne l'est pas en l'absence du cessionnaire, à moins que quelqu'un n'accepte pour lui le transport].

Suivant quelques-uns, le consentement du transférant est également indispensable.

Une fois [le transport] parfait, le cédant est libéré de la dette par l'acceptation, [c'est-à-dire par l'acceptation par le cessionnaire du transport (de la créance) sur ce délégué].

Conséquemment, le cessionnaire ne prendra pas sur la succession [du cédant (le montant de) la créance *(dayn)*, en cas de mort du cédant]. Toutefois il prendra une caution des héritiers ou des créanciers *(ghoramâ)*, par crainte de la perte (du *bien*) *(tawa*, *halâk)*. Et le cessionnaire ne recourra contre lui qu'autant que son droit aura péri *(tawa)*.

P. 549 Cette perte (s'effectue) par la mort en état d'insolvabilité *(moflésan)* de celui sur qui la créance a été transférée [de telle sorte qu'il ne laisse aucun bien, ni chose corporelle *('ayn)*, ni créance *(dayn)*, ni caution], — ou sa dénégation [c'est-à-dire la dénégation

(1) Litt. "Les consciences". C'est-à-dire que les débiteurs présentent plus ou moins de garantie de solvabilité.

du délégué (*mohâl 'alayh*) du transport et son serment (*half*), alors que le cessionnaire et le cédant] ne peuvent en produire aucune preuve testimoniale [c'est-à-dire du transport. Cela suivant l'imâm, car l'impuissance à arriver (à se faire payer) est réalisée par chacune des deux (circonstances); ce qui constitue en réalité la perte (*tawa*);

Et, suivant les deux disciples, par sa mise en faillite (*taflîs*) par le qâdy, également.

Si les deux parties étaient en désaccord [sur la question de savoir s'il est mort insolvable], la déclaration du cessionnaire disant qu'il n'a pas connaissance (de sa solvabilité), ferait foi [appuyée de son serment].

[Est valable le transport de créance] pour les derhams remis en dépôt (*mouda'ah*) [c'est-à-dire, quand un homme a remis en dépôt chez un autre mille derhams et qu'il en opère le transport sur lui en faveur d'un autre, c'est valable]; le délégué (*mohâl 'alayh*) sera libéré [du transport] par la perte (*halâk*) de ces derhams [de même que (cela a lieu pour) la *zakâh* (dîme aumônière) restreinte par le *nésâb* (la quotité imposable). Car celui qui a accepté le transport est obligé de payer avec les derhams; or ils ont péri comme dépôt (*amânah*). Egalement le dépositaire sera libéré du transport, lorsque les derhams remis en dépôt sont revendiqués. Conséquemment la dette retournera à la charge (*demmah*) du transférant];

Et pour ceux usurpés (*maghsoûbah*) [c'est-à-dire, le transport (de créance) est permis pour les derhams que le délégué (*mohâl 'alayh*) a usurpés du transférant]; mais il n'est pas libéré par leur perte [c'est-à-dire, l'usurpateur n'est pas libéré par la perte (des derhams) usurpés, attendu que le transport n'est pas annulé, car (l'usurpation) a *passé* (*fât*), mais elle a un successeur (*khalaf*) qui est la garantie (*damân*). Or le successeur tient le lieu et place de l'auteur (*asîl*) et la chose usurpée subsiste virtuellement. Conséquemment (le transport) n'est pas annulé. Par contre, quand la chose usurpée a été revendiquée, le transport devient nul, car la chose usurpée étant parvenue à son propriétaire, il s'en suit nécessairement que l'usurpateur est libéré de la garantie].

Lorsque le transport pour la dette (*dayn*), le dépôt (*wadî'ah*) et la chose usurpée (*ghasb*) a été fait restrictivement, le transférant ne poursuivra pas le délégué [c'est-à-dire le délégant n'exigera pas du délégué les derhams en dépôt ou usurpés qu'il a chez lui ou qu'il doit ou la dette, car ce transport restreint implique le mandat au cessionnaire de prendre possession de ce que le délégué doit ou a chez lui ; il implique en outre la livraison par le délégué, sur l'ordre du transférant, de ce qu'il a chez lui ou doit. Le transférant n'exigera donc pas cela du délégué (*mohtâl* (1)), le droit du cessionnaire s'y étant attaché, de même que celui qui a remis un gage (*râhen*) n'est pas maître de le poursuivre, parce que le droit du créancier gagiste s'y est attaché ; de sorte que celui qui a accepté le transport (*muhtâl 'alayh*) sera garant envers le cessionnaire, s'il remet au transférant]. Néanmoins le cessionnaire viendra sur la même ligne que les créanciers du transférant, après la mort de celui-ci [c'est-à-dire que (à l'égard de) ces biens, le droit du cessionnaire s'y étant attaché, il faudrait que le cessionnaire ne fût pas assimilé aux créanciers du cédant, après sa mort, comme cela a lieu à l'égard du gage. Au contraire, il est traité de la même manière qu'eux, car la chose corporelle (*'ayn*) que le cédé a entre les mains et appartenant au cédant et la créance que ce dernier a sur lui ne deviennent pas la propriété du cessionnaire par le contrat de transport, ni comme détention (*yadan*), ce qui est évident, ni comme propriété (*raqabatan*), l'institution du transport de créance n'ayant pas

(1) Il manque *'alayh*.

pour but de rendre propriétaire, mais de translater (*naql*)] (un droit). Le cessionnaire sera donc (compris) parmi les créanciers (*ghoramâ*). Quant au [créancier gagiste (*mortahen*), il est propriétaire de la chose remise en gage, comme la détenant (*yadan*) et comme la retenant (*habsan*). Il est donc établi légalement en sa faveur, sur la chose remise en gage, une espèce de privilége (*ekhtésâs*), qui n'est pas établi en faveur d'autres que lui. Les autres ne pourront donc pas entrer en participation avec lui pour (le gage)].

S'il n'est mis [au transport] aucune des restrictions [précitées], le transférant aura le droit de poursuivre (le remboursement de) la chose corporelle (*'ayn*) ou (de) la dette de celui qui a accepté le transport (*mohtâl 'alayh*), et celui-ci pourra la remettre au cédant, vu que le droit du cessionnaire ne s'est attaché en rien à ce qu'il a chez lui ou qu'il doit, au contraire, son droit réside dans l'obligation (*demmah*) du délégué, qui est assez étendue. Conséquemment la dernière limite de ce dont sera tenu le délégué sera de payer la créance (*dayn*) du cessionnaire de ses propres deniers].

P. 550 Le transport de créance [qu'il soit restreint ou absolu] n'est pas annulé, lorsque [le transférant] prend ce que le délégué doit [à titre de dette] ou a chez lui [à titre de dépôt ou de chose usurpée (*ghasb*). En ce qui regarde le transport absolu, parce que, n'ayant pas été mis en rapport d'annexion avec ces choses, il ne s'y attache pas ; et, quant au transport restreint, par le motif que le cédé (*mohtâl 'alayh*) a déjà payé ce à quoi était attaché le droit du cessionnaire à celui qui n'avait pas le droit de prendre. Par suite il en sera garant vis-à-vis du cessionnaire et recourra contre le cédant pour ce qu'il lui a remis. Le transport ne sera donc pas annulé].

Lorsque celui qui a accepté le transport (*mohtâl 'alayh*) poursuit le transférant pour une chose semblable à celle qu'il a transférée et qu'il répond : "J'ai fait le transport d'une créance (*dayn*) que j'avais sur toi", sa déclaration ne sera pas admise sans preuve (*heudjdjah*) [c'est-à dire, on n'écoutera pas la déclaration du transférant disant au cédé : "Jai fait le transport d'une créance que j'avais sur toi" ; alors que le délégué réclame du transférant une chose semblable à celle qu'il a transférée, si ce n'est moyennant une preuve testimoniale, vu que le délégué nie la dette ; car son aveu que le transport a eu lieu et qu'il l'a accepté ne constitue pas un aveu ni un indice qu'il a une dette envers lui, le transport de créance étant permis sans que le délégué (*mohtâl 'alayh*) soit débiteur. Au contraire, on écoutera la demande de celui qui a accepté le transport, la cause de cette demande existant, savoir l'acquittement de la dette par l'ordre (du cédant].

Et si le transférant poursuivait le cessionnaire pour ce qu'il a transféré et que (ce dernier) répondît : « Tu m'as fait le transport d'une créance que j'avais sur toi », (sa déclaration) ne serait pas admise sans preuve [c'est-à-dire on n'écoutera pas la déclaration du cessionnaire disant au cédant : « Tu m'as fait le transport d'une créance que j'avais sur toi », alors que le cédant réclame du cessionnaire ce dont il a pris possession, si ce n'est moyennant une preuve testimoniale, car le transférant nie la dette, vu que son aveu du transport et le fait de l'avoir formulé le premier (*iqdâm*) ne constituent pas un aveu de la dette, le (mot) transport (*hawâlah*) s'employant pour le mandat avec le sens de translation du droit de disposer (*tasarrof*). Au contraire, on écoutera la demande du transférant, comme (on le fait pour) la demande du mandant qui réclame du mandataire ce dont il a pris possession].

La lettre de change (*softodjah* (1)) est réprouvée

(1) On l'appelle aujourd'hui *boûlîsah* et *hawâleh*, expressions qui désignent proprement notre traite ou lettre de change, et même le simple billet, à ordre ou non.

(*tokrah*). [L'ortographe donnée par Sibawayh (1) est *softodjah* ; El Akhfach (2) écrit *softadjah*. Ce mot est arabisé du (persan) *softeh* et signifie « affermi » *(mohkam)*]. Elle consiste en un prêt de consommation (*iqrâd*), [c'est-à-dire que quelqu'un fait à un commerçant, par exemple, un prêt de consommation (*qard*), pour qu'il le remette à son ami dans une autre localité], dans le but de supprimer les risques de la route. [La *softodjah* n'est blâmable que parce qu'il a été défendu (par le Prophète) de faire un prêt de consommation dont on tire une utilité (*naf'*). Si cette question est mentionnée dans ce chapitre, c'est seulement par le motif que ce prêt de consommation est, en un sens, un transport de créance (*hawâlah*) (qui est fait) à l'ami sur l'emprunteur, ou parce qu'il constitue le transport (*hawâlah*) des risques de la route à celui-ci, ou enfin parce que le prêteur le transfère à son ami pour le paiement].

(1) Célèbre grammairien, mort l'an 180 (796-7 J. C.)
(2) Grammairien, mort l'an 215 (830 J. C.)

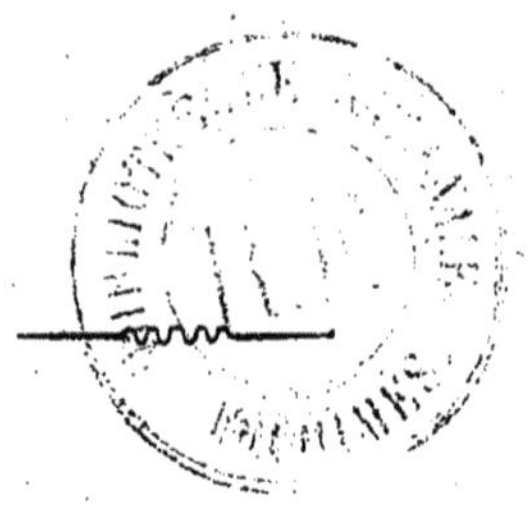

TABLE DES CHAPITRES

Pag.

LIVRE DES VENTES 5

Section sur ce qui est compris dans la vente, à titre d'accessoire, sans mention expresse, et ce qui ne l'est pas. 10

Chapitre *des options* 12

Section sur l'option d'inspection 17

Section sur l'option pour vice 19

Chapitre *de la vente annulable* 26

Section. Règles qui régissent la vente annulable et la vente nulle. 33

Chapitre *de la résiliation à l'amiable*. 38

Chapitre *de la vente à bénéfice et de la vente à prix coûtant* 40

Section sur l'exposé de la revente avant la prise de possession de la chose vendue, la libre disposition du prix, l'augmentation, la diminution, etc.. 43

Chapitre *de l'usure* 45

Chapitre *des droits et de la revendication*. 50

Section sur l'exposé des règles auxquelles est soumise la revendication. 52

Chapitre *du Salam*. 56

Chapitre *de questions diverses* 66

LIVRE DU CHANGE. 73

LIVRE DU CAUTIONNEMENT. 81

Section 100

Chapitre *du cautionnement des deux hommes et des deux esclaves* 107

www.ingramcontent.com/pod-product-compliance
Ingram Content Group UK Ltd.
Pitfield, Milton Keynes, MK11 3LW, UK
UKHW020349230726
13925UKWH00003B/1041